KB104357

미국 vs 일본
태평양에서 맞붙다

미국 vs 일본
태평양에서 맞붙다

초판 1쇄 인쇄 | 2017년 7월 12일
초판 1쇄 발행 | 2017년 7월 19일

지은이 이성주
기획 파트너 딴지일보 편집부
책임편집 조성우
편집 손성실
마케팅 이동준
디자인 권월화
용지 월드페이퍼
제작 성광인쇄(주)
펴낸곳 생각비행
등록일 2010년 3월 29일 | 등록번호 제2010-000092호
주소 서울시 마포구 월드컵북로 132, 402호
전화 02) 3141-0485
팩스 02) 3141-0486
이메일 ideas0419@hanmail.net
블로그 www.ideas0419.com

전쟁으로 보는 국제정치 **4 태평양전쟁** II

미국 vs 일본
태평양에서 맞붙다

이성주 지음

생각비행

일본 국민에게 군대는 어떤 의미일까?

전쟁으로 보는 국제정치 시리즈의 네 번째 책인 《미국 vs 일본 태평양에서 맞붙다》의 집필을 시작하면서 군대의 본질에 대해 생각해보았다. 일반인의 입장에서 군대란 폭력의 집합체다. 군대의 존재 자체가 국가가 합법적으로 인정한 폭력 집단이며, 무력의 최고 집합체 아닌가. 당연히 폭력적일 수밖에 없다. 그러나 현대 국가에서 군대는 양면성을 지닌다. 합법적인 폭력은 곧 국가의 주권이기도 하다. 군대 없이는 주권도 없다.

행여 국가지상주의자처럼 보일지도 모르지만 군대는 우리

에게 많은 것을 안겨주었다. 대표적인 것이 '폭력으로부터의 해방'이다. 근대 국가로 접어들면서 중앙집권화된 정부가 등장하고 그에 발맞춰 상비군의 수가 비약적으로 늘어났다. 그것과 비례해 우리 주변의 일상적인 폭력은 눈에 띄게 줄어들었다. 강한 무력을 지닌 군대의 등장이 개인 간의 폭력과 분쟁을 억제했기 때문이다. 혹자는 그것을 경찰의 역할이라고 말하기도 하는데, 여기서 말하는 개인 간의 폭력과 분쟁은 강도나 살인과 같은 '사건 사고' 수준의 문제가 아니라 일정 지역에서 봉기하거나 국가를 위협할 정도의 무장 집단 출현을 의미한다.

중세 시대 인류는 수많은 폭행과 살인에 수시로 노출됐다.

개별 무장 집단의 폭력이 국가를 위협할 수준이었기 때문이다. 불안한 치안의 그늘 아래 개인 간의 폭행과 살인은 일상이 됐다. 그러나 중앙집권화된 정부와 군대가 등장하면서 그들의 '압도적인 무력'은 자연스레 개별 폭력을 억제하는 효과를 불러왔다. 보이지 않는 군대의 순기능이라고 해야 할까?

이러한 압도적인 무력을 잘못된 방향으로 사용할 경우 '파멸적인 결과'를 낳는다. 그러한 사례가 바로 구 일본 제국의 군대다. 그로 인해 오늘날 일본은 '군대 없는 국가'가 됐다. 그리고 지금 다시 군대 있는 국가로 되돌아가기 위해 몸부림을 치고 있다. 과연 일본 국민에게 군대란 어떤 의미일까? 그 의미를 한국인인 내가 알 수는 없지만 과거 군대가 사라진 이유를 더듬어보며 그 답을 찾으려 한다.

　얼마 전까지 이 시리즈의 책이 일반인들에게 잘 읽히지 않는다고 생각했다. 그런데 이 책을 진심으로 기다리는 지인들의 모습을 보며 용기와 희망을 얻었다. 이 책을 기다려준 세호형과 석희 형에게 지면을 빌려 감사의 인사를 전한다.

2017년 유성에서

일본은 왜 미국과
전쟁을 하려고 했을까?

"일본이 정상적인 국가였던 것은 러일전쟁 때까지였다. 그
후로 특히 다이쇼大正 7년의 시베리아 출병부터는 술에 취해
말을 타고 달리는 여우와 같은 나라가 되었다. 태평양전쟁의
패전으로 여우의 환상은 무너졌다."

— 시바 료타로(일본의 역사 소설가)

1941년 일본은 늘 그래왔듯이 전쟁을 향해 달리고 있었다.
러일전쟁 승리 이후 일본 국민과 정치 지도자, 군부의 장성들
은 근거 없는 '낙관주의'에 휩싸였다. 물론 어느 정도의 근거
는 있었다. 바로 러일전쟁 때문이다. 당대 초강대국이던 러시
아와 싸워 이긴 이후 일본인들의 자신감은 하늘을 찌를 기세
로 치솟았고, 그 자신감의 재료들은 차곡차곡 쌓여만 갔다.

일본은 메이지 유신 이후 청일전쟁, 러일전쟁, 제1차 세계대전, 만주국 건국까지 거침없이 나아갔고, 어느덧 강대국 반열에 올라서게 됐다.

그런 그들이 태평양전쟁에 뛰어들 준비를 하고 있었다. 일본은 지금의 자신을 있게 해준 '미국'을 상대로 전쟁을 치르겠다고 결심한 것이다. 무모함의 극치라고 해야 할까?

1940년 기준으로 일본의 국민총생산은 90억 달러 내외였다. 그렇다면 당시 일본이 상대하려고 했던 미국의 국민총생산은 얼마였을까? 무려 1100억 달러에 달했다. 한마디로 일본은 자국의 경제 규모보다 12배나 큰 거대한 국가와 전쟁을

군수공장에서 일하는 여성 노동자들

치르겠다고 덤빈 것이다. 개별적인 지표들은 더 참담했다.

두 국가의 경제 격차를 좀 더 세세히 살펴보면 철강은 20배, 석탄은 10배, 전력은 6배, 알루미늄은 6배 정도의 생산력 차이를 보였고, 비행기와 자동차 생산력은 각각 5배와 450배, 공업 노동력은 5배 차이를 보였다. 더욱더 암담한 건 석유 비축량이었다. 개전 당시 미국의 석유 비축량은 약 14억 배럴로 이는 일본의 석유 비축량 700배에 달했다. 일본이 계획하고 있던 남방작전의 핵심이 네덜란드령 동인도의 유전지대를 확보하는 것이었는데, 이를 안전하게 확보한다고 하더라도 연간 300만 킬로리터의 석유를 확보하는 게 고작이었다. 안타깝게도 일본은 이 정도 양의 석유라면 숨통이 트일 것이라고 기대했다.

경제력의 차이가 곧 군사력의 차이는 아니라고 생각할 수도 있지만 현대전에서 경제력은 군사력의 선행 지표다. 즉, 부자 나라의 군대가 전투력이 더 높다는 건 누구나 아는 상식이다. 오늘날 미군 보병 한 명이 착용하는 각종 장비의 가격은 1만 1000달러 정도다. 얼추 따져 봐도 병사 한 명당 약 1200만 원 정도의 비용이 들어간다. 물론 비싼 장비를 가지고 있다고 해서 꼭 잘 싸운다는 보장은 없다. 그러나 비싼 장비가 전투력

향상에 도움이 된다는 건 부정할 수 없는 사실이다.

미국과 전쟁을 결심하다

21세기의 일본을 기준으로 미국과 상대해도 게임이 안 되는 마당에 1940년 그때의 일본이 미국과 싸워 이길 수 있었을까? 당시 일본의 경제 규모는 미국의 8.2퍼센트에 불과했다 (1980년대 버블이 터지기 전 미국을 점령할 듯 덤빈 일본의 경제 규모를 생각해보라).

그런데도 일본은 미국과 전쟁을 하기로 결심한다. 그들의 낙관은 어디에서 나온 것일까? "일본은 진무 덴노神武 天皇 이래로 2600년간 외국과 전쟁을 치러 패배해본 적이 없다"라는 이야기는 일본 국민 사이에서 공감대를 얻으며 확산되고 있었다. 이러한 사실은 영화 〈연합함대 사령장관 야마모토 이소로쿠〉에서도 잘 드러나 있다. 지금까지 진 적이 없기 때문에 앞으로도 지지 않을 것이라는 비논리적인 주장이었다.

여기서 근본적인 질문을 하나 던져본다.

진무 덴노(일본 개국 신화의 주인공이자
현 덴노 가문의 조상으로 여겨지는 1대 덴노)

"일본은 왜 미국과 전쟁을 하려고 했을까?"

외교적인 문제가 없는 것은 아니었지만 그것을 굳이 '전쟁'
이라는 극단적인 선택으로 해결하려 했던 이유는 무엇일까?
아니, 그 이전에 전쟁까지 생각하게 된 이유가 있지 않을까?
미국이란 나라에 대한 적개심이 과연 어디서부터 시작됐는지
그것이 의문이다.

적의敵意의 뿌리는 의외로 깊었다. 러일전쟁 이후 미국과 일본은 서로에 대한 불신과 불만을 키워나갔다. 미국은 '만주'라는 신세계를 일본이 차지하는 것을 보며 인상을 찌푸려야 했고, 일본은 자신들의 '정당한 권리'를 미국이 방해하고 있다며 분통을 터트렸다. 영화 〈연합함대 사령장관 야마모토 이소로쿠〉에서 《도쿄일보》의 주필이 "서구 제국주의자들은 아무런 방해 없이 식민지를 지배하고 자신들의 욕망을 실현하는데 어째서 우리는 우리의 정당한 권리 행사를 방해받아야 하는 것인가?" 하며 '아국의 정당한 권리'를 계속해서 말한 이유가 여기에 있다.

일본인들은 분노했다. 러시아와 싸워 한반도를 차지하고 만주로의 교두보를 확보했을 때까지는 별 문제가 없었다. 제1차 세계 대전 당시 일본은 영일동맹을 핑계로 연합국 측에 가담하여 참전했다. 그와 동시에 중국에 있던 독일의 조차지로 밀고 들어갔다. 그러고는 당시 중국의 실권자인 원세개袁世凱에게 '21개조 요구사항'을 강요했다(이에 대해서는 전쟁으로 보는 국제정치 2 《조약, 테이블 위의 전쟁》에서 설명했다). 처음에는 반항하는 듯했지만 결국 원세개는 일본의 21개조 요구사항을 들어줬고, 이로 인해 중국인들의 반일 감정이 폭발하게 되었다.

21개조 요구사항

　문제는 그 다음이었다. 제1차 세계 대전 때 중국도 참전하여 승전국이 됐고, 이를 계기로 중국은 1919년 파리 평화회의에 대표단을 파견해 21개조 요구사항의 철회를 요구했다. 이때 일본은 이에 대해 거부 의사를 밝혔지만 서방 국가들은 일본을 압박했다. 결국 1919년 4월 21일 파리 강화회의에서 "장래 중국으로 반환하는 것을 전제로 산둥 반도의 이권을 일본에 양도한다"는 타협을 하게 됐고, 1922년 워싱턴 회의에서 일본은 21개조 조항 가운데 하나인 산둥 반도의 이권을 포기하기로 결정한다(당시 일본에게 산둥 반도의 이권은 의미가 없었다).

　외교적으로 21개조 요구사항은 무리가 있었다. 제국주의자의 입장에서는 뭐가 문제일까 싶지만 일반적인 상식으로 이

것은 침략의 다른 표현일 뿐이었다. '서방 국가들이 18세기부터 지배한 수많은 식민지를 보라. 그들의 행동은 정당하고 우리의 요구는 부당한 것인가? 우리가 그들과 다른 점이 무엇인가?' 일본은 이렇게 생각했다.

그들만의 리그에 들어가기 위해 발버둥치는 일본과 이를 방해하는 서방 세력 간의 팽팽한 힘겨루기라고 해야 할까? 이야기는 점점 복잡해지는데, 일본은 베르사유 평화협정에서 인종차별 금지와 국가 간의 법률적 평등권을 주장했지만 서방 국가들은 이를 거부했다.

"일본이 아무리 흉내 낸다 해도 그들은 원숭이일 뿐이다."

서방 국가들은 이렇게 무시하고 마음 한편에서는 '황화론黃禍論'을 들먹이며 일본을 견제하고 있었다. 상황은 점점 더 악화되었는데, 이후 미국 연방 최고 법원이 다음과 같은 결정을 내리면서 일본에 대한 서방 세력의 견제가 절정에 이르렀다.

"일본인은 미국 시민이 될 수 없다."

자유의 나라, 이민자의 나라인 미국이 일본인을 받지 않겠다는 선언이다. 급기야 캐나다, 오스트레일리아, 뉴질랜드, 라틴 아메리카에서도 미국의 뒤를 이어 일본인들의 이민을 엄격히 제한하기에 이른다.

당시 일본인들의 마음을 대변하여 일본의 예비역 중장이던 사토 고지로는 1921년 《만약 미국과 일본이 전쟁을 한다면》이라는 책을 쓰기도 했다. 진주만 기습 공격이 있기 20년 전 일본은 미국과의 전쟁을 이미 고민하고 있었고, 그러한 사실을 반영하듯 이 책에는 다음과 같은 내용이 실려 있다.

"일본군 특수 부대가 미군 전략기지에 '가벼운' 기습 공습을 하면 일본에 대한 미국의 자세가 부드러워질 수 있다."

망상과 같은 이야기지만 이 책이 베스트셀러였다는 것이 문제다. 그로부터 3년 뒤 사회운동가 오카와 슈메이大川周明가 《아시아, 유럽 그리고 일본》이라는 책을 펴냈다.

"그리스가 페르시아와 로마 그리고 카르타고와 싸우지 않을 수 없던 것처럼 일본과 미국도 서로 싸울 수밖에 없다. 일

본이여! 그것이 1년 안에 있을지 10년 후에 있을지, 그렇지
않으면 30년 후에 있을지 아무도 모른다. 하늘의 부름에 대
비하라."

오카와 책의 일부를 발췌한 내용이다. 일본의 극우 사상가
이자 민족주의자인 그는 수많은 저서를 통해 극우파 지식인
으로 명성을 날렸다. 이런 활약 덕분에 도쿄 전범 재판에서 민
간인으로서는 유일하게 A급 전범으로 분류되어 기소됐다.

문제는 그가 덴노天皇였던 히로히토裕仁가 직접 만든 두뇌 집
단 양성소(일본 황실의 기상관측소를 거점으로 만들어졌는데 그 명칭
은 다양했다. 사회문제 연구소, 대학 하숙집 등으로 불리기도 했다)의
핵심 인물이었다는 점이다. 제국주의적 사고를 가진 육군과
해군의 엘리트 장교 30명이 모여 만든 이 모임에서 오카와는
자신의 이론을 행동으로 옮겨야 한다고 주장했고 그의 주장
은 상당한 영향을 끼쳤다. 덴노의 개인 돈으로 만든 이 연구소
는 덴노의 사적인 씽크탱크였고, 이후 일본 군부의 요직에 앉
을 리더들의 교육 기관이었다.

1920년대부터 미국과 전쟁하는 것을 염두에 둔 일본, 미래
는 알 수 없는 것이라지만 당시 분위기로 보면 실현 가능성이

일본의 124대 덴노 히로히토

낮음에도 불구하고 그러한 생각을 했다는 건 결코 무시할 수
없는 이야기다. 우리의 상식으로는 이해할 수 없지만 당시 일
본의 분위기는 자국의 이권을 위해서라면 미국과 전쟁하는
것도 고려 대상이었다.

여기서 한 가지 질문을 던져보고 싶다.

"정보가 통제된 일반 대중이나 일부 지식인들의 감정적인
접근은 이해할 수 있다. 그렇지만 국가의 의사결정권자들은
국내외 정보와 국제사회의 동향을 수시로 접하지 않는가. 이

들이라면 자국보다 12배 이상의 경제력과 산업 잠재력을 가진 미국과 전쟁으로 맞서는 것이 얼마나 무모한지 알 수 있었을 텐데 1941년 일본의 의사결정권자들은 어째서, 왜 전쟁을 선택한 것일까?"

여기에는 일본 정치 체제의 '시스템적 오류'가 개입되어 있다. 바로 일본 특유의 '이중집권 체제'다. 다들 알다시피 일본은 '덴노'라는 상징 군주와 실질적으로 권력을 행사하는 '총리'가 통치하는 일종의 '입헌군주제'와 같은 권력 구조를 가지고 있다(지금의 일본을 명확한 의미에서 입헌군주제로 보기에는 무리가 따른다). 명목상으로 보자면 일본의 권력은 국민이 선출한 총리로부터 나와야 하지만 지금도 일본 총리의 힘은 지극히 제한적이다(대통령제 국가뿐만 아니라 내각책임제를 하는 국가와 비교해도 그렇다). 그나마 일본의 총리가 그 힘을 제대로 사용했던 경우는 87대 총리를 지낸 고이즈미 준이치로小泉 純一郎정도가 고작이다.

물론 일본 역사상 기록된 총리들의 면면을 살펴보면 헌법 안에서 혹은 헌법을 초월한 권력을 행사한 경우들이 종종 있다. 하지만 그들의 권력은 명목상 덴노의 권한을 위임받은 형태였고, 권력 사용 이후의 '책임' 문제에 있어서는 명확한 규정이 없었다.

"권력이 어디에서 나오는지도 몰랐고, 이후의 책임 소재도 명확하지 않았다."

현대 국가에서는 있을 수 없는 일이다. 예를 들어 4대강 사업의 주체가 누구인지도 모른 채 시작했고, 이후 문제가 발생했음에도 그 책임을 물을 사람이 없는 것과 같다. 4대강 사업과 같은 국내 문제는 시간이 좀 걸리더라도 어떻게든 수습하거나 극복 방안을 찾을 수 있겠지만 문제는 국가의 운명을 건 외교, 더 나아가 '전쟁'이라는 극한 결정을 내려야 할 상황에서 아무도 책임지지 않고 전쟁이라는 분위기로 나라를 이끌고 간다는 것이다. 너무도 무책임하지 않은가.

신성불가침의 권력, 덴노

일본 황실에서 주장하는(그리고 일본 국민이 믿는) 일본
황실의 역사는 2600년이 넘는다.

　"진무 덴노 이래로 2600년간 이어진 일본 황실의 가계는
　일본의 상징이며 모든 것이다."

　진무 덴노가 역사상으로 존재했던 인물인지에 대해서는 아
무도 모르지만(신화의 영역이므로), 한 가지 확실한 건 명목상이
지만 일본 황실과 덴노는 신과 인간의 영역 사이 그 어디쯤인
가에 존재한다. 이는 일본 황실이 살아남기 위한 고육지책이
었다.

　고대 일본의 정치 체제를 확립했던 쇼토쿠 태자^{聖德太子}는 역

성혁명과 암살이 횡행하던 일본 정치 체제 속에서 일본 황실을 지키고 싶었다. 그러한 이유로 그는 결국 덴노를 정치적으로 중립화시킨다. 그리고 덴무 덴노天武 天皇 때가 되자 그동안 사용했던 대왕이란 호칭 대신 '덴노'란 이름을 사용하게 했고 덴노는 왕이 아닌 아라히토가미現人神(살아 있는 인간으로서 존재하는 신)의 지위를 확보했다. 이로 인해 일본 정치 체제는 커다란 변화를 맞이했는데, 크게 두 가지 정도로 설명할 수 있다.

첫째, 신하들의 모반 방지

덴노가 신의 영역에 들어간 순간 신하들과 충돌하는 일은 물론 권력 투쟁은 명목상 사라지게 되었다. 신하들은 신과 대등한 존재가 된 덴노와 싸울 수 없었다. 어찌 인간이 신과 싸울 수 있겠는가?

둘째, 일본 황실의 가계 유지

신의 영역에 들어선 덴노이기 때문에 그 황위는 덴노의 혈육으로 한정할 수밖에 없었다. 결국 혈통만이 황위 계승의 유일한 근거가 되었다.

이런 두 가지 이점을 얻은 대신 덴노는 한 가지를 포기하게 되었는데, 바로 '권력'이었다. 신의 입장에서 덴노는 일종의 제사장과 같은 역할이고 실질적인 권력은 덴노의 신하들에게 넘어갔다. 이렇게 해서 나온 것이 바로 정이대장군征夷大將軍이라 불리는 쇼군將軍이다. 가마쿠라 막부, 무로마치 막부, 에도 막부는 그렇게 만들어졌다. 즉, 쇼군은 덴노가 위임한 권력을 가지고 일본을 통치하는 존재가 된다. 도쿠가와 이에야스德川家康가 개창한 마지막 막부인 에도 막부도 바로 이러한 연유로 만들어졌다. 쇼군은 법적으로 덴노의 권력을 위임받아 행정부라 할 수 있는 '막부'를 구성하고 이를 통해 나라를 다스렸다.

메이지 유신은 덴노가 있었기에 가능했다
—

우리의 기준으로 보면 덴노와 쇼군의 이중집권은 비합리적인 정치 체제다. 하지만 덕분에 일본은 메이지 유신에 성공했고 제국주의 막차에 오를 수 있었다.

1853년 쿠로후네黑船가 일본에 들어왔다. 페리 제독에 의한 강제 개항은 일본인들에게 엄청난 충격으로 이어졌고, 260여 년간 이어져오던 에도 막부는 흔들리기 시작했다. 당시 일본은 300개 정도의 자립성을 가진 번藩들로 이루어져 있었는데 (에도 막부는 이들의 정점에 서서 통치하는 존재였다), 이들 중 서쪽에 있는 네 개의 번이 움직이기 시작했다. 소위 말하는 서남웅번西南雄藩(사쓰마, 조슈, 토사, 비젠)들이 들고 일어난 것이다.

역사의 아이러니라고 해야 할까? 에도 막부가 들어서는 데 있어 결정적이던 세키가하라 전투에서 도쿠가와에게 반기를 들었던 사쓰마번薩摩藩의 시마즈 가문과 조슈번長州藩의 모리 가문은 영지의 상당 부분을 빼앗긴 채 칼을 갈았고, 250년 후 도막파倒幕派의 선봉에 서서 에도 막부를 쓰러뜨린다. 이때 힘을 보탠 것이 토사번의 무사 사카모토 료마坂本龍馬였다. 사카모토 역시 역사의 아이러니를 온몸으로 증명한 인물이다.

세키가하라 전투 당시 도쿠가와 편에 붙은 야마우치 가즈토요山內一豊는 그 공로를 인정받아 토사번土佐藩을 받았다. 하지만 토사번의 토착 세력들은 외지에서 온 야마우치를 인정하지 않았다. 결국 반목과 충돌이 이어졌고, 외지에서 온 무사들은 상사上士, 토착 세력은 하사下士로 나뉘었다. 상사들은 하사들을 차별하고 억압했다. 사카모토는 바로 하사 계급의 무사

사카모토 료마

였다.

사카모토는 견원지간이던 사쓰마, 조슈와 연합하여 삿초동맹薩長同盟을 결성하고, 에도 막부를 타도했다. 2등과 3등이 손을 잡고 1등을 격파했다고 해야 할까? 아니면 260여 년 전의 역사를 뒤엎은 패자의 반란이라고 해야 할까? 이때 사쓰마와 조슈가 에도 막부를 타도한 뒤 큰 잡음 없이 일본을 통합하고 메이지 유신에 들어갈 수 있었던 결정적 힘이 바로 '덴노'였다. 덴노가 있었기에 메이지 유신이 성공했고, 별다른 무리 없이 일본은 근대 국가로 진입할 수 있었다.

덴노, 근대 일본을 만들다

덴노의 존재와 천황제에 대한 존립 이유에 대해 의문을 표하는 경우가 있지만 메이지 유신 당시 덴노의 활약만으로 천황제는 충분히 그 가치를 인정받을 만하다. 덴노와 쇼군의 이중집권 체제에서 실질적인 권한은 쇼군에게 있지만 국가의 상징은 덴노에게 있었다. 이러한 체제는 정치적으로 큰 의미를 가지는데 "쇼군의 권력은 덴노가 위임한 것이다"라고 했을 때 이는 다시 말해, 쇼군의 권력을 언제든지 덴노가 회수할 수 있다는 의미였다. 바로 대정위임론大政委任論의 등장이다.

에도 막부의 마지막 무렵 마지막 쇼군인 도쿠가와 요시노부德川慶喜는 대정봉환大政奉還을 통해 자신의 권력을 덴노에게 반납하는 정치적 승부수를 던진다. 권력을 덴노에게 건넨 뒤 새로운 정치 체제 아래서 권력을 장악하겠다는 계산이었는데 도막파의 손이 더 빨랐다. 만약 대정봉환이 이뤄지지 않았다면 에도(도쿄)는 내전으로 불바다가 됐을지도 모른다. 그 이후에 있었던 폐번치현廃藩置県도 마찬가지다.

그때까지 일본은 300여 개의 번이 난립한 지방자치 연합체와 같은 성격이었다. 메이지 정부는 이것을 3부 302현, 나중에는 3부 43현으로 정리했다. 중앙집권 국가가 된 것이다. 이 때 지방 다이묘들이 동의한 것도 덴노가 있었기 때문이다.

"전국의 영토와 백성들은 본래 덴노의 소유였다!"

덴노의 것을 덴노에게 다시 돌려준다는 왕토왕민론王土王民論이었다. 대정봉환이란 곧 덴노가 위임한 권력을 돌려받은 뒤 직접 나라를 통치하겠다는 선언이 아닌가?

만약 덴노가 존재하지 않았다면 일본은 내전에 휩싸였을지도 모른다. 실제로 에도 막부와 도막파들 사이에 전투가 있었고, 이후에도 메이지 유신에 반대하는 세력들과 전쟁을 치러야 했지만 막부군은 '조정의 적'이라는 오명이 두려워 제대로 힘도 쓰지 못하고 싸움에 진 채 물러났다. 덴노가 없었다면 십중팔구 피로 피를 씻는 대살육전이 벌어졌을 터, 일본은 '덴노'라는 상징 앞에 모두 고개를 조아렸다.

이렇게 막부 세력을 쓸어낸 뒤 메이지 정부는 덴노에 대한 신격화 작업에 들어갔다. 근대 일본은 덴노라는 구심점 아래 일치단결하여 근대화에 매진했다.

여기까지만 보면, 천황제의 순기능이라고 말할 수 있다. 덴노라는 절대 권위가 존재했기 때문에 일본은 대규모 내전을 피했고 근대화로 나아갈 수 있었다. 그러나 그 다음은 없었다. 메이지 헌법을 보면 "덴노는 신성하고 불가침한 존재다"라고 명시되어 있다. 방금 전까지 근대화를 위해 온몸을 내던졌던 일본이 다시 근대 이전의 신정정치神政政治 체제로 돌아가려고 했던 것일까? 당시 메이지 헌법의 초안을 작성했던 이토 히로부미伊藤博文는 서방 세계의 헌법들을 그대로 차용했다고 고백했다.

"구라파의 헌법 정치 기초에는 종교가 있었다."

이토 히로부미의 날카로운 분석이라고 해야 할까? 이토 히로부미는 서구 제국주의의 근간에 깔려 있는 기독교적 정서를 놓치지 않았다. 그러나 일본에는 기독교와 같은 종교가 없었다. 대신 '살아 있는 신' 덴노가 있었고, 이토 히로부미는 메이지 헌법의 정서적 배경을 기독교 대신 덴노로 선택했다(이는 추밀원의 제국 헌법 초안 심의에서 이토 히로부미의 발언 내용이다).

당시 메이지 헌법을 만든 사람들은 프로이센의 비스마르크Bismarck를 롤 모델로 삼았다. 헌법 안에서 최대한 인민의 간섭

이토 히로부미

과 여론의 침입을 막기 위한 장치들을 심어놓았다. 그 결과 메
이지 헌법은 입법, 사법, 행정의 각 기관들이 서로 견제와 균
형을 이루는 형태가 아닌 덴노가 직접 각 기관들을 통합하는
형태로 만들어졌다.

문제는 덴노가 모든 권력을 독점하고 행사하는 데 무리가
따른다는 점이었다. 그 보완책으로 나온 것이 메이지 유신을
성공시킨 사쓰마와 조슈 세력의 원로들이다. 이들은 파벌을
만들어 덴노 대신 각 기관들을 통합하거나 조정했다. 상당히
'이상한' 정치 체제다. 헌법을 만들었다는 건 분명 법치法治를
하겠다는 의지의 표명인데, 그 안에서 이루어진 통치는 비제

도적인 인맥에 의존했다.

문제는 그뿐만이 아니었다. 메이지 헌법 55조를 보면 "국무대신은 덴노를 보필하고 그 책임에 임한다"라고 했다. 이 부분을 잘 살펴보면 내각총리대신 즉, 수상을 '동배중同輩中의 수석'이라는 위치에 놓았다. 한마디로 실질적인 권한을 위임한 게 아니라 각 대신들의 대표 격으로만 존재했다는 의미이다. 총리는 직접적인 실권을 가지지 못한 채 조정자의 역할로서 존재했다. 이는 다시 말해 각 대신들끼리 개별적으로 덴노를 보좌했다는 것인데, ○○수상의 내각에 들어가 내각 전체의 연대 책임을 지는 구성원으로서의 존재는 아니었다는 뜻이다.

여기에 악명 높은 '현역 무관제'가 더해진다. "육해군 대신은 현역 무관이어야 한다"라는 조항 덕분에 군부는 내각에 대한 거부권과 통제권을 가졌다. 만약 군부의 요구를 들어주지 않는다면 군부가 내각을 해산시킬 수도 있고, 처음부터 아예 내각을 구성하지 못하게 할 수도 있었다. 게다가 이들은 덴노를 직접 알현하고 자신들의 의견을 올릴 수 있는 권한도 가지고 있었다. 즉, 당시 일본의 권력은 두 개로 쪼개진 이중권력이었는데 하나가 수면 아래 있는 군부였고 나머지 하나가 대외적으로 활동하는 정부였다.

그러나 이러한 이중권력 체제도 오래가지 않았다. 군부가 점점 더 정부의 영역을 파고들었다. 이중권력을 없애고 덴노 유일의 통치 체제를 만든 일본이지만 쇼와昭和(히로히토의 연호) 시절이 되면 다시 이중권력 체제로 회귀했다.

이 대목에서 당시 덴노였던 히로히토는 '이런 권력의 누수와 군부의 전횡'을 통제하지 못했다는 점이 궁금하다. 태평양 전쟁 이후 일본은 줄기차게 "덴노에게는 죄가 없다. 덴노는 전쟁을 막기 위해 애썼지만 군부가 독단적으로 전쟁을 일으켰다"라고 주장했다. 과연 이 말이 사실일까?

03

일본의 반인반신,
덴노의 오판과 태평양전쟁

1889년 프러시아 헌법을 근거로 만들어진 메이지 헌법의 핵심은 "헌법은 황권이 주는 하나의 선물"이라는 것이었다. 이는 논리적으로 "내 권력을 인간들에게 잠시 양도해준 것"이라는 의미다. 즉, 헌법은 덴노의 수중에 있을 뿐이고 영원히 대를 잇는 덴노 가계의 전통(진무 덴노 이후 2600년이나 이어졌기에)에 따라 일본의 헌법은 영원히 일본 황실의 소유라는 의미가 된다.

여기서 다시 한 번 무시무시한 이야기가 펼쳐지는데, 메이지 유신 이후로 덴노는 일본의 절대 권력자이며 국가 주권의 핵심이라는 정치적 위치에 있었다. 문제는 보통의 권력자라면 절대 권력을 갖고 있더라도 그에 상응할 만한 '책임'이 따르지만 덴노에겐 그것이 없었다. 아무리 대통령의 통치권이

덴노의 문장

라 해도 임기 중에 발생한 국정 문제에 대해서는 책임을 져야
한다. 만약 그게 여의치 않더라도 역사적 심판이라는 책임을
지는 게 통상적인 모습이다. 그러나 덴노에겐 이런 하찮은 인
간의 권력이 아닌 신의 이름으로 내려진 권력이 있었다. 인간
이 감히 평가할 수 없는 영역이란 뜻이다. 이것은 문서로도 명
시되어 있었다.

"덴노는 어떤 이유에서도 권좌에서 물러날 수 없으며, 주
권 행사에 있어 법의 테두리를 벗어났다고 하여 책임을 지지

않는다. (중략) 그런 책임은 정부의 대신들과 유관 조직이 져야 한다. 주권과 관계된 계약을 제외하고 덴노는 어떠한 비난의 대상도 되지 않는다. 원칙적으로 덴노는 법이 적용되는 대상에서 제외된다. 특히 형법에 관해서는 어떠한 법원도 덴노를 기소할 수 없기 때문에 법률 적용의 대상이 아니다."

– 1944~1945년 판 《일본 연감》 중

이 정도면 덴노는 인간이 아닌 신의 영역에 있다고 볼 수 있다. 여기에서 나온 것이 바로 덴노의 '무과오원칙無過誤原則'이다. 덴노는 신이다. 그러나 현실적으로 덴노는 인간의 몸으로 태어났다. 인간이라면 누구나 실수를 한다. 실수를 하지 않더라도 실수의 가능성을 지니고 있다. 이런 불완전한 인간이 국가를 통치하다 보면 분명 '정책적인 실수'를 할 수 밖에 없다. 이를 막기 위해 덴노는 의사결정권을 다른 사람에게 맡김으로써 인간이 저지를 수 있는 잘못으로부터 보호받는다. 자, 그렇다면 태평양전쟁을 일으킨 히로히토 덴노는 태평양전쟁에 대한 책임이 없는 걸까?

덴노를 바라보는 사람들

—

"나 개인으로는 일반 국민과 다를 바 없지만 총리대신이라
는 직책이 부여되고 폐하의 위광을 받음으로써 비로소 빛이
난다. 폐하의 신임이 있고 이 위치(총리대신)에 있기 때문에
빛나는 것이다."

– 총리 시절 도조 히데키의 발언 중

덴노라는 항성의 빛을 받아 빛나는 행성이 자신이라고 말
한 도조 히데키東條英機. 이는 비단 도조 히데키만의 주장은 아
니었다. 도쿄 전범 재판에 출석했던 전범들 모두 덴노를 자신
의 앞에 놓았다. 이들은 어떤 정치적 신념이나 주장 없이 덴노
를 맹목적으로 추종했다고 말했다. 이것이 얼마나 무서운 얘
기인지는 굳이 설명하지 않아도 알 것이다. 한 국가를 이끄는
정치 지도자가 개인의 신념이나 정치적 주장 없이 신격화된
개인을 위해 움직였다고 말하는 것. 물론, 처벌을 피하기 위한
핑계일 수도 있겠지만 덴노에 대한 맹목적인 충성과 신격화
는 태평양전쟁 내내 일본이 보여준 태도였다.

여기에서 다시 도조 히데키의 말을 곱씹어보자. "… 폐하의
신임이 있고 이 위치(총리대신)에 있기 때문에 빛나는 것이다"

도조 히데키

는 덴노의 신임을 얻었기에 그 자리에서 활약했다는 의미다.
이 의미는 중요하다. 덴노의 의중에 따라 권력의 향배가 움직
였고 일본의 정치 체제는 덴노와 얼마나 가깝게 지내느냐가 권
력의 바로미터가 됐다. 소위 말하는 문고리 권력의 등장이다.

상황이 이렇게 돌아가자 일본의 정치 체제는 덴노와 친분이
있는 자들에 의해 좌우됐다. 그 결과 덴노와 가깝게 지내거나
접촉 기회를 많이 얻을 수 있는 관료官僚와 군인들의 입지가
강화됐고, 국가의 근간이 되는 일반 국민의 발언이나 정치적
의사 표현은 무시됐다. 관존민비官尊民卑의 완성이었다. 국민은
계몽, 수탈, 통치의 대상으로만 규정됐다. 그 결과가 바로 태

평양전쟁이다. 국민은 덴노와 덴노 주변에 포진되어 있는 몇몇 인물들의 '판단'에 의해 전쟁에 끌려나갔고, 그들의 한마디를 믿고 빗발치는 총탄 속을 헤치고 만세돌격을 했다. 그리고 그 책임은 누구도 지지 않았다.

앞서 덴노는 '천황무답책天皇無答責'이라고 하여 그 책임을 물을 수 없는 존재라고 했다. 이는 일본의 메이지 헌법이 보장했다. 제3조 '덴노는 신성하며 침범할 수 없다'와 제55조 '국무대신은 덴노를 보필하며 그 책임에 임한다'라는 조항을 통해 덴노는 그 어떠한 경우에도 책임지는 일이 없음을 명시했다.

그렇다면 덴노가 임명한 정부 관료들은 어땠을까? 이들은 명목상 일본의 정부였지만 내각총리대신인 수상은 각료들의 대표일 뿐이지 국가 정책을 기획하고 이를 실천한 뒤 그 결과에 책임지는 존재가 아니었다. 설사 어떠한 발언권이 있다 해도 당시의 권력은 군부에서 나왔기 때문에 제대로 된 목소리를 내기 어려웠다.

또한 군부는 어땠을까? 명목상으로 행정부는 일본의 총리대신이 이끄는 내각이었지만 실제로 일본을 이끈 것은 육해군의 고위 장성들이었다. 이들이 실질적으로 국정을 주도하고 타국과 외교를 관장했으며, 전쟁을 기획하여 실천에 옮기 존재들이다. 그렇다면 이들에게 책임을 물어야 할까?

일본의 역사 소설가 시바 료타로司馬遼太郎의 역사관, 소위 말하는 시바 사관司馬史観에 따르면 '밝은 메이지明治'와 '어두운 쇼와昭和'로 근대 일본을 바라봤다. 메이지 시절은 삼권분립의 토양이 만들어지고 근대로 나아가는 역동적인 시대였던 반면, 쇼와 시절은 군부가 삼권 이외의 '통수권'을 가지고 국정을 농단한 '정신 위생이 나쁜 시대'라고 바라봤다. 한 명의 소설가가 주장하는 내용에 큰 의미를 둘 필요는 없다고 말할 지도 모르지만(실제로 시바 사관을 들먹인 이가 극우파인 후지오카 노부카츠藤岡信勝란 점에서 큰 의미를 두지 않는 것이 정신 위생에 좋을지도 모른다), 그 시대를 단적으로 정리할 수 있는 정의란 점에서 한 번쯤 생각해볼 여지는 있다.

여기서부터 이야기는 다시 복잡해진다. 군부가 덴노에게 위임받은 통수권을 제멋대로 농단해서 전쟁으로까지 이어졌다는 것이 전쟁 후 일본의 주장이지만 이는 '비겁한 변명'이다. 당시 히로히토는 자신의 권력을 확보하기 위해 육해군과 정부를 분리했고, 다시 육군과 해군을 따로 떨어뜨렸다. 아울러 옥새를 꼭 쥔 채 자신에게 올라오는 보고서를 꼼꼼히 다 확인한 뒤에야 도장을 찍었다.

시바 료타로

히로히토에게 상황을 통제할 수 있는 수단이 없었던 것이 아
니다. 자신에게 부여됐던 신격화된 이미지만으로도 충분히 군
부를 제어할 수 있었다. 이는 개전開戰 당시 총리 자리에 있던
도조 히데키의 성격과 행적만 봐도 알 수 있다.

"덴노의 승낙이 없으면 한 발도 움직이지 못한다."

이 발언을 과연 언제 했을까? 이는 히로히토의 아버지였던
다이쇼 덴노의 서거 소식을 듣자마자 히로히토의 덴노 승계
를 축하하며 내뱉었던 말이다. 당시 도조 히데키는 중령 계급

이었는데 이때 '한 발도 움직이지 못한다'는 말은 만주 침공을 의미했다. 훗날 만주에서 활약한 도조 히데키를 생각한다면 덴노에 대한 그의 마음을 미루어 짐작할 수 있다(다이쇼 덴노의 경우 '존재감 없는 덴노'라는 그 별명이 모든 걸 대변했다. 방탕한 삶을 즐겨 '기다리는 여인' 즉, 측실을 엄청나게 뒀고 어딘지 모르게 나사 빠진 행동 때문에 정신병을 앓았다는 말이 나돌 정도였다. 실제로 정신병이 있었다는 학설이 지배적이다. 집권 말기에 왕세자 히로히토가 섭정을 맡았기에 큰 무리 없이 황위를 넘겼다는 것이 다행이라면 다행이었다).

그렇다면 당시 통수권을 농단했던 일본 군부가 히로히토에게 잘못된 사상을 주입하거나 거짓된 정보로 판단력을 흐렸을까? 이 역시도 불가능한 이야기다. 당시 일본 정부와 관료들, 군 장성들은 덴노에 대한 신격화가 극에 달하던 상황이었다. 덕분에 덴노의 '무과오성'이 국정을 운영하는 자들의 기본적인 사고 안에 뿌리 깊이 박혀 있었다. 덴노의 사고체계에 영향을 끼칠 만한 그 어떤 의견이나 발언도 덴노에 대한 불경죄로 간주됐다. 또한 모든 통치권을 가지고 있는 덴노를 빼고는 그 어떠한 정책도 입안될 수 없었기에 아무리 사소한 일이라도 그것이 일본 정부와 관계된 일이라면 덴노가 있는 자리에서 결정되는 것이 관행이었다.

상황이 이렇다 보니 일본 정부의 의사결정 과정은 좋게 말하면 보수적으로, 좀 더 직설적으로 표현하자면 복지부동伏地不動으로 일관됐다. 덕분에 일본 정부는 과단성 있게 처리해야 할 정책들도 서로 눈치를 보며 조심스럽게 움직였고 책임을 떠안지 않으려고 애썼다. 이 때문인지 당시 관료와 정치인들은 특유의 '애매모호'한 용어와 표현들로 자신의 의사를 전달했고, 이는 의사소통의 어려움을 넘어 책임 소재 파악도 어렵게 만들었다.

일본의 '무책임한 정치'가 극에 달했음에도 불구하고 히로히토가 마음만 먹었다면 일본은 전쟁을 피할 수 있었다. 아무리 군부가 통수권을 가지고 국정을 농단했다고 하지만 덴노에게는 이를 막거나 최소한 견제할 수 있는 힘이 있었다. 아무리 좋게 봐도 미필적 고의로 전쟁을 방조했다. 좀 더 직설적으로 표현하자면 전쟁 기류에 히로히토 역시 편승했다고 볼 수 있다.

이는 당시 궁내청宮內廳(일본 황실의 일을 맡아서 하는 관청) 관료들의 기록만 봐도 알 수 있다. 만주 문제가 터졌을 때는 모르는 척 한 발 물러나 상황을 관망했지만, 관동군의 독단적인 중국 침략 보고를 들었을 때는 인상은 찡그리며 화를 냈다. 그러나 딱 거기까지였다. 이후 히로히토는 또다시 이를 용인했다. 이렇게만 보면 히로히토가 우유부단했다고 생각할 수도 있지만 그는 상황을 통제할 수 있었고 실제로 정보를 계속해서 확인했으며, 정보 획득과 정책 실행을 위한 실질적인 움직임을 보였다.

1936년 일본에는 덴노의 문장이 새겨진 명령서로 창설된 낯선 이름의 부대가 하나 있었다. 정확한 부대명은 '전염병 예방과 수질 정화 부대'였는데, 훗날 731부대라는 이름으로 알려진 이 부대의 병사와 장교들은 자신들이 덴노의 칙령에 의해 창설된 유일한 부대라며 대단한 자부심을 가졌다.

1937년 11월 히로히토는 황궁 안에 자기만을 위한 전쟁 상황실을 설치하고 이후 모든 전투를 꼼꼼히 챙겨봤다. 놀랍게

생물·화학 무기 개발 및 생체 실험으로 악명 높은 731부대의 사령부 단지 전경

도 이 상황실에는 수상마저도 출입이 엄격히 통제됐다. 다시 말하지만 히로히토는 태평양전쟁을 막을 수 있는 위치에 있었고, 마음만 먹었다면 충분히 그럴 수 있었다. 그런데 어째서 전쟁까지 달려갔던 것일까? 여러 가지 이유가 있었겠지만 크게 두 가지 정도로 요약할 수 있다.

첫째, 히로히토를 포함한 일본 의사결정권자들의 오판

1930년대 말 일본의 의사결정권자들은 유럽에서 '새 시대'가 열리고 있다고 믿었다. 히틀러가 전쟁에서 이길 것이고 이렇게 열린 새 시대에서 일본은 동아시아 패권을 거머쥘 것이라고 믿었다. 1940년 독일과 영국이 한창 영국 본토 항공전Battle of Britain으로 내닫고 있던 그때 히로히토와 일본 수뇌부들은 독일이 전쟁에서 승리할 것이라고 믿어 의심치 않았다. 이는 그들만이 아니라 일본 전체의 공통된 분위기였다. 물론 제정신인 사람들도 있었는데 주영 대사였던 요시다 시게루 吉田茂(전쟁 후 일본의 수상이 됐다)와 후임인 시게미쓰 마모루 重光葵가 그 주인공이다. 이들은 영국이 곧 무너질 것이라는 독일의 선전을 너무 믿지 말라고 히로히토에게 간청하기도 했다.

둘째, 히로히토의 근시안적인 태도

진주만 공습 이후의 태도를 살펴보면 당시 히로히토는 곧 미국과 협상할 수 있을 것이라고 믿었다. 그리고 이 협상을 통해 아시아에서 일본의 지위를 인정받으려는 희망을 내비쳤다.

무과오성을 말하던 살아 있는 신 '덴노'는 인류와 일본 국민에게 엄청난 과오를 저질렀다.

04

미국과 일본의 외교
그리고 태평양전쟁

일본과 미국의 관계가 완전히 틀어지게 된 계기는 무엇이었을까? 여러 가지 의견이 있지만 대부분 '인도차이나' 때문이라고 말한다. 프랑스령 인도차이나.

1940년 9월 일본은 북부인도차이나를 점령한다(나름 형식을 갖췄지만 침략인 건 사실이다). 악화일로로 치닫는 중국 전선의 반전을 위해(장제스에 대한 원조 루트를 차단하기 위해), 또한 인도차이나 지역의 자원을 획득하기 위해 일본은 칼을 뽑아들었다. 이때까지만 해도 일본은 국제사회, 특히 미국의 눈치를 봤다.

그러나 1941년 4월 일소중립 조약을 체결하자마자 일본은 인도차이나의 '나머지'도 먹어버린다. 남부인도차이나에 대한 침공과 점령이었다. 반응은 즉각적이었다. 1941년 7월 25일 미국은 일본의 재미자산을 동결시켰고 뒤따라 영국, 프랑스,

베트남 사이공에 입성하는 일본군

캐나다, 포르투갈, 네덜란드도 이에 동참했다. 그리고 대망의 1941년 8월 2일 미국은 일본에 대한 석유 금수 조치를 선언했다.

이때 일본이 조금만 냉정했다면 태평양전쟁은 일어나지 않았을 것이다. 점령했던 인도차이나를 반환하고 병력을 뒤로 물렀다면 미국도 전향적인 자세를 취했을 지도 모른다. 그러나 당시 일본의 분위기는 '전쟁 전야'였다. 군령부총장이던 나가노 오사미永野修身와 히로히토의 대화를 살펴보자.

"전쟁이 일어날 경우 석유 공급원을 잃으면 해군의 석유 비축량이 2년분이므로 1년이나 1년 반이면 석유가 바닥납니다. 따라서 지금이 행동에 나서야 할 때라고 생각합니다."

"그러면 미국과 싸웠을 때 승산이 있다는 것인가?"

"이길 수 있을지 어떨지는 사실 막연합니다만, 달리 살 길이 없다고 생각합니다."

"… 그것은 세간에서 말하는 자포자기식 싸움이 아닌가?"

덴노가 석유 금수 조치에 대해 질문했는데 나가노 오사미는 전쟁으로 화답했다. 더 무서운 건 "달리 살 길이 없다고 생각합니다"라는 자포자기식 발언이다. 조금만 이성적으로 생각하여 인도차이나에서 병력을 빼고 미국과 교섭하려고 노력했다면 대화의 여지는 충분히 있었다. 그러나 일본은 극단적인 선택만을 고집했다.

미국 역시 마찬가지였다. 미국은 석유, 철강 제품의 수출을 전면 중단했을 뿐 아니라 일본의 수입품 역시 전면 금지시켰다. 이뿐만이 아니었다. 당시 루즈벨트Franklin Roosevelt 대통령은 주미 일본 대사였던 노무라 기치사부로野村吉三郎를 불러 정중한 경고를 날렸다. 요지는 간단했다.

"지금까지 미국이 일본에 석유를 수출한 건 일본이 석유 때문에 전쟁을 일으킬 것 같아 이를 막기 위해서였다. 그런데 석유는 석유대로 받고 전쟁은 전쟁대로 하겠다는 것인가? 나는 더 이상 우리 국민을 설득할 자신이 없다. 일본 때문에 우리도 고무 수입에 차질을 빚고 있다. 지금 일본의 행동은 미국과 전쟁을 하자는 것으로 보인다. 내 말이 맞는 것인가?"

노무라 대사는 일본 해군 출신이었다. 최종 계급이 대장이었던 인물이니 그 성격을 미루어 짐작할 수 있다. 외교에 있어서도 거리가 있는 인물이었다(실제로 영어도 잘 구사하지 못했다). 이러한 이유로 일본 정부는 부랴부랴 외교관인 구루스 사부로来栖三郎를 파견해 대미 협상을 시도했다. 그러나 아무리 외교관이 노력한다 하더라도 본국의 '의지'가 없다면 그 노력은 빛이 바랠 뿐이다.

당시 일본은 전쟁을 향해 한 발 한 발 다가가고 있었다. 일촉즉발의 위기상황이라고 해야 할까?

1941년 9월 6일 도쿄에서는 히로히토의 주재 하에 일본의 정치, 경제, 군부의 각 수뇌들이 한 자리에 모였다. 어전회의였다. 회의 분위기는 시종일관 무거웠다. 이 회의가 일본의 장래 즉, 국가의 미래를 결정지을 하나의 분수령이 된다는 사실을 참석자들이 모를 리 없었기 때문이다.

이때 결정된 것이 바로 '정세 추이에 따르는 제국 국책 요강'과 대미 외교에 있어 '최소의 요구' 리스트였다.

정세 추이에 따르는 제국 국책 요강

– 자존자위를 달성하기 위해 대미(네덜란드, 영국 포함)전쟁도 불사할 결심으로 10월 하순을 목표로 모든 전쟁 준비 완료

– 제국은 이와 병행하여 미영에 대한 모든 외교 수단을 다하여 제국의 요구 관철을 위해 노력

– 전기 외교 교섭이 10월 상순까지 관철되지 아니할 경우 즉시 대미 개전 결의

대미 외교에 있어 '최소의 요구' 리스트

– 중국과 분쟁 해결에 있어 미국과 영국의 불개입

– 버마 루트 폐쇄

– 장제스에 대한 원조 중지

– 원자재 획득의 자유

고노에 후미마로近衛 文麿 총리가 다시 전면에 나섰다. 미국과 마지막 협상에 나서겠다며 등장한 것이다(도쿄 어전회의 전에 움직였다). 덴노와 군부로서도 나쁠 건 없었다. 그들도 개전 전에 명분 쌓기가 필요했고, 만약 잘 성사된다면 피 흘리지 않고 일본의 '권익'을 얻을 수도 있었다. 히로히토는 고노에 총리의 대미 협상을 인정했다.

협상

고노에 총리가 갑자기 미국과 협상에 나선 이유가 뭘까? 이전까지 그는 게으름뱅이 귀족의 전형적인 모습이었다. 어려운 일이 닥치면 우선 피하고 보았다. 덴노의 친척이라는 신분 덕분에 어린 시절부터 자연스레 몸에 익힌 교묘함은 언제나 '꼼수'를 찾아 나서는 전형적인 모사꾼의 이미지와 비슷했다. 그런 그가 갑자기 의욕을 불태웠다. 이유는 간단했다.

"이대로 가다가는 나라가 망한다."

일본의 34대 총리 고노에 후미마로

중일전쟁이 발발했을 때만 하더라도 강경론자의 모습을 보이던 그가 왜 이렇게 바뀐 걸까? 그것은 바로 독일의 대對소련전 개전 때문이었다. 그는 언젠가는 추축국樞軸國동맹에 소련도 참여하리라고 믿고 있었다. 독일, 소련, 이탈리아, 일본 이렇게 4개국이 손을 잡는다면 미국도 함부로 덤벼들지 못할 것이라고 생각했다. 그런데 독일이 소련을 공격하면서 그의 생각은 물거품이 됐다. 이는 일본에 대한 배신 행위라고 고노에는 생각했다(일소중립 조약을 체결하던 1941년 4월, 히틀러는 이미 소련 침공 계획을 준비하고 있었다. 그럼에도 일본에게 이 사실을 알리지 않았다). 이런 상황에서 만약 미국과 전쟁을 한다? 그것은 곧 일본의 멸망이었다.

고노에 총리는 주일 미 대사를 찾아가 루즈벨트 대통령과 정상회담을 하고 싶다고 부탁했다. 그는 루즈벨트와 협상하기 위해 일본으로서는 상당히 양보한 '협상안'까지 따로 준비했다. 이때가 1941년 8월 7일이다. 정상회담 장소로 알래스카의 주노Juneau를 염두에 두고 이를 미국 측에 제안했다. 아울러 요코하마항에 통신센터 역할을 할 수 있는 니타마루호를 대기시켰다며 날짜만 정해달라고 앙원仰願했다. 그러나 미국은 고노에 총리의 회담 제안을 거절했다. 미국의 국무장관이던 코델 헐Cordell Hull은 자신의 회고록에 당시의 상황을 이렇게 기록했다.

"일본이 먼저 회담을 제안하고 자세한 사항은 회담을 진행하는 과정에서 결정하자고 말한 것은 일본에게 있어 중요한 의미가 있었다. 일본은 우리를 회담장으로 밀어 넣기만 하면 총론적인 성명서는 그 후에 발표할 수 있다고 믿었다. 또한 그렇게만 되면 그 성명서를 중국 문제의 해결이나 자기들이 별도로 추구하는 사안에 맞게 활용할 수 있다고 생각하는 것 같았다. 루즈벨트 대통령이 성명서의 잘못된 점을 하나하나 지적하지 않으면 일본은 자기들에게 유리한 대로 생각한 뒤 미국 대통령의 승인을 받았다고 주장할 수 있기 때문에 회담은 처음부터 실패할 확률이 높았다. 일이 만약 그렇게 진행되면 일본 군부는 모든 잘못을 미국에 떠넘기고 태평양전쟁을 준비할 계획이었다."

헐은 당시 일본의 외교적인 노력을 믿지 않았다. 왜 그랬던 걸까? 이유는 간단하다. 당시 미국은 일본의 외교 암호들을 모두 해독하고 있었다. 일본 대사관에서 쓰던 암호는 'J 시리즈' 암호였다. 독일 정부가 일본에게 일본 대사관의 암호가

코델 헐

해독되고 있음을 경고하자(독일의 암호도 뚫렸지만) 일본 정부
는 이 J시리즈 암호를 이리저리 바꿔가며 사용했는데, 일례로
1941년 3월 1일에는 J17-K6 암호를 갑자기 J18-K8로 바꾸더
니 8월이 되자 J19-K9으로 바꿨다. 미국은 이렇게 바뀌는 일
본 정부의 암호들을 다 해독했을까? 그렇다. 모두 해독했다.
미국이 일본의 외교 암호들을 해독하면서 두 나라의 외교 교
섭은 돌이킬 수 없이 틀어지고 만다.

　당시 미국은 일본의 협상 노력이 '외교적 수사'일뿐 실제로
는 전쟁을 위해 시간을 버는 행위라고 단정했다. 게다가 2년
전 연합국은(미국은 참전하기 전이었지만) 히틀러가 영국의 체임
벌린Chamberlain 수상을 농락한 일을 기억하고 있었다. 미국은
제2의 체임벌린이 되고 싶지 않았다. 헐 장관은 당시의 심정
을 자신의 보좌관에게 했던 말에서 단적으로 보여주고 있다.

　"무력 이외에는 일본 사람들을 막을 방법이 없다. 문제는
유럽에서 군사적인 충돌이 해결될 때까지 우리가 얼마 동안
이런 상태를 유지할 수 있을 것인가이다. 일본 사람들의 말
은 단 한마디도 믿어서는 안 된다. 다만 그들의 행동 개시를
지연시키기 위해 믿는 것처럼 보일 필요는 있다."

이미 미국은 일본과의 전쟁을 기정사실로 받아들이고 있었다. 이런 상황에서 협상이 진행될 수 있었을까? 고노에 총리의 입지는 점점 줄어들었고, 마침내 1941년 9월 18일 육군 소장파 장교들이 고노에 총리를 암살하려고 한 저격 미수 사건이 터졌다. 그리고 얼마 뒤인 10월 6일 고노에 내각은 총사퇴했다. 그 뒤를 이어 도조 히데키가 수상 자리에 올랐다.

그리고 야마모토 이소로쿠

영화 〈연합함대 사령장관 야마모토 이소로쿠〉에서 야마모토는 가족과 부하들에게 인자하고, 국가를 사랑하며 대국을 볼 줄 아는 군인으로 그려졌다. 일본 영화이니 당연하겠지만 조금 더 '나갔어도' 되지 않았을까 하는 아쉬움이 남는다.

"마누라와 비서에게 위인偉人은 존재하지 않는다"라는 말이 있다. 아무리 위대한 영웅이라도 개인 사생활을 들여다보면 허점이나 실수가 보일 수밖에 없기 때문이다. 위대한 영웅이기 이전에 사람이지 않은가? 그들에게도 인간적인 실수나 감추고 싶은 치부가 있는 것이 당연하다. 동양권 문화에서 위인

야마모토 이소로쿠

이란 존재는 곧 성인聖人의 다른 말로 그들의 일탈이나 치부에 대해서만큼은 알레르기 반응을 보인다. 그러고는 이를 묵살하거나 은폐한다. 그런 의미에서 야마모토 이소로쿠山本 伍十六도 예외는 아니다(일본인 입장에서 생각하면 그는 위인이다).

야마모토는 기인奇人이었다. 연합함대 기함인 나가토에서 해군 사열을 받은 직후 '낮잠'을 자기 위해 담을 타고 집에 들어가기도 했고, 그 시대의 평균적인 여성 편력도 자랑했다. 당시 긴자의 게이샤와 마담들은 실세였던 육해군의 고위 장교 혹은 장래가 촉망되는 장교들에 한해 '실비'로 술과 여자들을 제공했는데, 야마모토에게도 마찬가지였다. 그는 확인된 여성만 세 명을 데리고 있었고 그중 한 명은 처음 만났을 때 나이가 고작 12세인 게이샤 훈련생이었다(이 정도면 범죄가 아닐까). 그는 자신의 여인들을 자랑했고 소문이 새어나가는 것을 두려워하지 않았다. 그가 사망한 직후 그를 추종했던 해군 장교들은 게이샤를 찾아가 야마모토가 건넨 연애편지를 모두 회수(압수란 표현이 더 어울리겠지만)하고 자살을 종용했다. 야마모토를 '군신軍神'으로 만들기 위해 그의 허물을 모두 지우려 했지만 그의 사생활은 지금까지도 전해지고 있다.

야마모토의 기행은 이뿐만이 아니었다. 돈이 없을 때는 포커나 브리지 게임으로(한마디로 도박으로) 생활비를 충당했고, 직무와 관련해서도 조금은 '황당한' 짓들을 했다. 해군 항공대를 지원한 예비 조종사들을 선발할 때 관상쟁이와 손금 보는 사람을 고용해 지원자들을 검증하거나 물로 휘발유를 만들 수 있다고 주장하는 사기꾼한테 속아 연구비를 실제로 대주기도 했다. 압권은 진주만 공격에 성공한 뒤 그의 업적을 치하하는 히로히토를 만났을 때였다. "정말로 나를 기쁘게 해주려면 싱가포르에서 카지노를 운영할 수 있는 허가증이나 내주면 좋았을 것"이라고 말하며 시큰둥한 반응을 보였다.

일반적인 군인들과 조금은 다른 정신세계를 가지고 있던 그가 일본이 미국과의 전쟁에 있어서는 냉철한 현실 인식을 보여주었다(전쟁 찬성파들을 회유하기 위해 독일과 추축국들을 팔아가면서까지 전쟁을 막기 위해 노력하는 모습을 보였다).

"미국과 싸우려면 일본은 전 세계에 도전하는 의지로 싸워야 한다. 간단히 말해 우리가 소련과 불가침 조약을 맺었다고는 하나 일단 전쟁이 발발하면 소련이 우리의 배후에서 공격하지 않는다고 누가 보장하겠는가. 일이 이 지경이 된 이상 나는 최선을 다하겠지만 아마 내 기함인 나가토에서 싸우다가 죽을 것 같다. 그러는 동안 도쿄는 불바다가 되겠지."

– 진주만 기습 작전을 준비하며 야마모토 이소로쿠가 남긴 메모

"목재와 종이로 지어진 일본의 도시들은 쉽게 타버릴 것이다. 육군은 허풍을 치고 있지만 전쟁이 발발하여 공습이 일어나면 어떤 사태가 일어날 지는 말할 필요도 없다. 해군 비행기들이 충돌해서 해상에 기름이 뿌려졌을 때 물 위에서 불이 어떻게 타는지 본 적 있나? 그것은 물 위의 지옥이다."

– 야마모토 이소로쿠가 보좌관에게 말했던 말

"내가 보건대 미래의 전쟁에서 해군 작전의 주요 과제는 섬들을 점령하여 활주로를 재빨리 닦는 일이다. 되도록 일주일 안에 항공 부대를 설치하여 제공권을 확보한 다음 다른 해상의 제공권도 차츰 확보해가는 것이 핵심 전략이다."

– 개전 전 야마모토 이소로쿠가 예측한 태평양해전의 전개 방향

"미국인의 강한 정신력과 과학적 사고방식을 일본인은 따라잡을 수 없다. 일본은 미국의 적수가 될 수 없다."

– 1940년 9월 18일 동경에서 열린 동창회에서 야마모토 이소로쿠가 한 말

그는 앞으로 벌어질 전쟁에 대해 정확히 예측하고 있었다. 그가 태평양에서 해군 작전 과제에 대해 말한 대목은 이후 맥아더Douglas MacArthur가 시행했던 개구리 점프Frog jump 전략과 놀랍도록 유사하다(물론 지리적 특성과 현대전의 전장 상황을 고려한다면 야마모토만 떠올릴 전략은 아니지만 말이다).

이렇게 미국과의 전쟁에 대해 부정적인 입장을 보였던 그가 진주만 기습 작전을 준비했다는 사실은 역사의 아이러니라고밖에는 달리 설명할 말이 없다.

05

정신력으로 전쟁을 결정하다

중일전쟁 기간인 4년 6개월 동안 전쟁에 익숙해질 대로 익숙해진 일본군의 전력은 240만 정규군과 300만의 예비군, 7500대의 항공기와 230척의 주력 함선을 자랑하는 수준이었다. 반면 미국은 어땠을까? 당시 미군의 수준은 훈련미필자 100만 명을 포함하여 병력 150만 명, 항공기 1157대, 전투함 347척, 수송선 총 1000만 톤의 전력이었다. 당시의 전력 수치로는 일본이 유리해보인다.

그러나 미국의 산업 잠재력을 살펴보면 일본의 전략적 기조가 너무 낙관적임을 알 수 있다. 당시 일본은 독일이 선전하여 미국이 유럽 전선에 발목을 잡힌다는 가정 안에서 전략을 짰다. 역으로 말하자면, 일본은 독일이 유럽 전선에서 최소한 지지 않을 것이라는 판단에서 움직였다는 말이다.

여기에 기름을 부은 것이 1941년 2월 루즈벨트의 발언이다.

"만약 미일 양국 간 전쟁이 벌어져도 유럽에 대한 미국의
지원은 변함이 없을 것이다."

이 발언에 일본은 한껏 고무된다. 하지만 1938년 기준으로
양국의 산업 잠재력 격차는 무려 7배였고, 몇 년 안에 이 격차
는 10배에 이를 것이라는 통계가 있었음에도 일본은 미국, 영
국, 네덜란드와 한판 붙어보겠다는 생각을 했다. 당시 일본의
'아주 희망찬 계획'이란 게 독일이 유럽 전선에서 시간만 벌어
주면 진주만을 박살내고 바로 남방작전을 펼쳐 네덜란드령에
서 800만 톤, 미얀마 지역에서 200만 톤의 석유를 확보한 뒤
그것을 토대로 미국과 일전을 벌인다는 생각이었다.

여기서 한 발 더 나아가 이 남방작전의 성과로 얻은 자원을
가지고 태평양을 요새화하면 추후 미국과 벌이는 전쟁에서
미국에게 '막대한 손실'을 줄 수 있다는 낙관적인 생각까지 더
해지면서 이야기는 점점 구체화되었다.

그렇다면 이런 '낙관적인 생각'이 가능했던 이유는 뭘까?
바로 일본의 '낙관적인 정보 보고'에 있었다.

일본 수뇌부들은 만약 미국과 일전을 벌이게 된다면 미국 측이 태평양 전선에 투입할 병력은 미군 전체 병력의 3분의 1 수준이라고 예측했고, 이를 막기 위해서는 연간 3000만 톤의 강철과 총톤수 4000만 톤의 선박이 필요하다는 결론을 내렸다. 문제는 이런 낙관적인 상황 분석이 바탕이 되었다 해도 당시 일본의 수준으로는 어림없는 일이었다(제2차 세계 대전 당시 태평양 전선에 투입된 미국의 보급 양은 대서양 전선, 즉 유럽 쪽의 5분의 1, 기록에 따라서는 10분의 1 수준이었지만 이것만으로도 일본을 압도했다).

1940년대 일본 국민에게
정신력을 강조하는 포스터

당시 일본의 공업생산력은 연간 760만 톤의 강철을 겨우 생산해내는 수준이었다. 더 처참한 것은 함선이었는데, 일본의 보유 함선 톤수는 겨우 66만 톤에 불과했다. 이러한 차이를 극복하기 위한 방법으로 대본영이 제시한 것은 '정신력'이었다.

그러나 1941년 세계 최대의 해군 세력을 가진 것은 누가 뭐래도 일본이었다. 세계 최강의 기동함대를 가진 나라 역시 일본이었다. 비록 다른 나라는 인정하지 않았지만 말이다.

미국은 워싱턴 해군 군축 조약에 따라 총톤수 13만 5000톤까지 항공모함을 만들 수 있었지만 일본은 8만 1000톤까지만 제작이 허용됐다. 이때 각국은 3만 3000톤급 항공모함 2척을 만들 수 있었는데 이때 나온 것이 진주만의 히어로인 일본의 '아카기'와 '카가'였다. 같은 시기 미국에서도 '사라토가'와 '렉싱턴'을 만들었지만 두 나라는 항공모함에 대한 이해부터 달랐기 때문에 그 운용에서도 차이가 드러났다.

미국은 항공모함을 정찰기 모함으로 사용했다. 당시 미국은 거함거포주의巨艦巨砲主義의 미련에서 벗어나지 못한 상태였다. 반면, 일본은 중일전쟁에서 아카기와 카가를 가지고 중국의 항주를 폭격하며 톡톡히 재미를 봤다(일본은 워싱턴 해군 조약의 허점을 노리며 빠져나가기 위해 '발버둥'치다 기동함대를 만들었

71

지만 진주만 기습 성공 이후 다시 거함거포주의로 함몰되는 모습을 보였다. 반면 미국은 일본의 진주만 기습 이후 본격적으로 기동함대를 운용했다. 이는 진주만 기습의 교훈이기도 했지만 당장 전함을 확보하는 것이 어려웠기 때문이기도 했다).

1936년부터 일본은 워싱턴 해군 군축 조약을 무시하더니 1941년까지 5년 동안 해군력을 두 배 이상 확충했다. 이 와중에 일본은 무려 6척이나 되는 항공모함을 새로 찍어냈다. 여기에 스스로 '동양의 신비'라고 자랑하는 0식 함상 전투기 '제로센'이 등장하면서 일본은 한번 붙어볼 만하다는 희망을 불태우기 시작했다.

당시 서구 열강에 비해 전차, 총기, 화포 모든 면에서 한 세대 이상 뒤떨어진 일본군이 서구 열강에 자랑할 만한 무기체계가 두 개 등장했는데, 그중 하나가 2차 대전의 영웅 몽고메리Bernard Law Montgomery가 극찬했던 일본의 '산소 어뢰'였고 나머지 하나가 바로 제로센이었다. 당시 제로센에 대한 정보를 취합한 미 해군 정보국이 상부에 보고서를 올렸을 때, 아무도 이를 믿지 않았지만 이후 미군들은 이 정보를 믿어야 했다.

진주만 공격이 있기 전까지 미국은 일본의 전투기 생산 기술과 일본 전투기 조종사들의 기량을 무시했다. 미군 조종사

제로센

들은 일본 조종사들이 키가 작고, 눈이 옆으로 째져서 공중전을 못한다는 희한한 논리로 무시했다. 하지만 그때 당시 세계 최고의 함재기 조종사들은 전부 나구모 주이치南雲 忠一 제독의 제1기동함대에 몰려 있었다. 이들은 기본적으로 100시간의 비행 훈련을 가졌는데, 미국의 240시간 비행 훈련에 비해 짧은 것 같지만 중일전쟁을 통해 '실전'으로 단련된 상태였다. 그 결과 태평양전쟁 발발 당시 일본은 해군의 경우 평균 650시간, 육군의 경우 500시간의 비행을 경험한 조종사 3500명을 보유하고 있었다.

아카기, 카가의 제1항공전대와 히류, 소류의 제2항공전대

그리고 수준은 떨어지지만 미군보다는 압도적인 쇼카쿠, 즈이카쿠의 제5항공전대, 이들 6척에 실린 351기의 함재기와 실전으로 단련된 조종사들까지 일본은 이미 미국을 넘어 세계 최강이라고 말할 수준의 기동함대를 구성하고 있었다.

일본은 왜 하필 진주만이었을까?
—

미국 국민은 일본이 전쟁을 일으킬 거라는 사실을 어느 정도 예측하고 있었다. 하지만 전쟁이 일어날 지역을 물으면 대부분은 필리핀이라고 말했고, 여기서 머리가 좀 트인 사람들은 미드웨이일지도 모른다고 대답했다. 즉, 진주만을 노릴 거라고는 대부분 생각하지 못했다.

왜일까? 일단 일본에서 진주만까지의 거리가 3000해리도 넘는다는 문제가 있었다. 3000해리를 미군의 감시를 뚫고 넘어온다는 것도 쉽지 않지만, 일단 뚫고 넘어와도 진주만의 병력과 상대할 수 있는가 하는 난관에 봉착할 수밖에 없기 때문이다(미국이 천혜의 입지 조건을 가진 나라라는 게 다시 한 번 증명된다. 대서양과 태평양이란 '천연 해자' 덕분에 미국은 고립주의를 택할

진주만

수도, 부담 없이 해외 원정을 떠날 수도 있다). 당시 진주만에 주둔해 있던 미 지상군 병력만 5만 9000명을 헤아렸고, 하와이에 배속된 전투함만 보더라도 전함 9척에 항공모함 3척, 중순양함 2척, 경순양함 18척, 구축함 54척에 잠수함도 22척이나 됐다. 여기에 해군의 항공기 수만 450대를 자랑했다.

'어떤 미친놈이 진주만을 넘볼까?' 하는 생각을 가질 만큼 만만치 않은 전력이었다. 문제는 그렇기 때문에 일본이 이곳을 치려했다는 점이다. 진주만만 박살내면 일본은 배후를 안심하고 남방작전을 실행할 수 있다고 판단했다. 야마모토는 진주만을 치지 않으면 일본은 승산이 없다는 생각 아래 진주만 공격

겐다 미노루

준비를 착착 진행시켜나갔다. 이미 야마모토는 1940년 11월에 있었던 영국의 이탈리아 티란토항에 대한 공습에서 항공모함의 우수성을 실감했고 공중 공격으로 전함을 깨부술 수 있다는 자신감을 얻었다. 또한 이때 덤으로 얻은 것이 어뢰에 대한 발상의 전환이었다. 당시 티란토항은 수심이 얕아서 어뢰의 공중 공격은 불가능한 것으로 알려졌으나 영국은 어뢰를 개량해 실전에 사용했고 결국 전함을 격침시켰다. 야마모토는 티란토항 전투에 한껏 고무됐고 우리도 한번 해보자는 결의에 불타올랐다.

결국 1941년 5월 이 작전을 최초로 입안한 겐다 미노루源田實

를 주축으로 30명의 고급 장교들이 모였다. 이들은 특별 연구단을 구성했고 그렇게 진주만 공략 계획이 수립됐다. 당시 겐다가 맨 처음 한 일은 자신의 해군 동기이자 제3항공함대 참모인 후치다를 데려와 아카기의 비행대장으로 삼은 일이었다. 그러고는 계속 작전을 기획해나갔다. 이미 함재기 조종사들을 일본의 가고시마로 보낸 상태였다(가고시마는 일본 지형 중에서 하와이와 가장 지형이 비슷한 곳이다).

1941년 9월 고노에 총리가 마지막으로 루즈벨트 대통령과 정상회담을 추진하던 그때 일본 해군은 해군대학교 별실에서 도상 훈련에 들어갔다. 여기에서 나온 결론이 "작전 성공률 50퍼센트"였다. 그리고 작전을 성공한다고 해도 미 해군의 전력 가운데 3분의 2는 박살낼 수 있지만 일본 역시 항공모함 2척이 격침되고 2척은 파손되며, 127기의 항공기가 격추될 것이라는 비관적인 전망이 나온 상황이었다. 진주만 공격 계획이 진행될수록 문제점은 계속 튀어나왔다.

당장 걸리는 것이 어뢰였다. 상공 100미터에서 떨어뜨린 어뢰는 수중 60미터까지 들어갔다 튀어나와 목표로 향하는 것이 일반적인데, 당시 진주만의 수심은 12미터밖에 되지 않았다 이 어뢰 문제는 진주만 공격대의 발목을 끝까지 잡아챘다.

최종 기동 연습을 하던 11월 4일까지 이 문제는 해결되지 않았다. 해결 방안으로 당시 요코스카에서 제작 중인 신형 어뢰를 쓰자는 의견과 차라리 초저공으로 날아가 투하하자는 의견으로 나뉘었는데, 진주만 공격대는 결국 후자의 의견을 받아들였다. 고도 6미터에서 시험적으로 어뢰를 투하해보니 결과는 성공. 진주만 공격대의 발목을 잡아채던 어뢰 문제가 드디어 해결되는 순간이었다.

진주만 공격에 있어 예상되는 난관들을 하나둘 해결해나갔지만, 문제는 그때까지도 진주만 공격에 대해 회의적인 시각을 가진 이들이 많았다는 사실이다. 야마모토는 진주만 작전에 의문을 품는 인사들을 찾아가 일대일로 설득하는 온건책과 함께 그의 특기인 "이 작전을 승인하지 않으면 연합함대 사령관 자리를 그만두겠다"라는 강경책을 병행하며 11월 3일 대본영의 재가를 얻어냈다.

이렇게 진주만 공격 계획이 진행되는 동안 일본 정부는 12월 1일까지 외교적으로 만족스런 결과가 없을 경우 전쟁을 결의한다는 결론을 내렸고, 수상이던 도조 히데키는 히로히토 덴노의 재가를 얻어내는 데 성공했다.

여기서 주목해야 하는 점이 당시 히로히토가 이 '전쟁'에 어느 정도 개입했느냐는 것이다. 히로히토는 진주만 작전과 이후의 남방작전에 관하여 자세히 보고를 받았고, 그 스스로 '보급'에 관한 문제점에 대해 질문할 정도로 이해도가 높았다. 그이전에 그는 전쟁에 대한 어떤 '기대'를 신하들에게 내비쳤다.

"미국, 영국과 전쟁을 하면 물론 우리가 이기겠지만 1905년 러일전쟁 때처럼 완벽한 승리는 안 되겠지요? 그렇지요?"

참모 총장들과 대담을 나누던 히로히토가 내뱉은 말이다. 이에 대해 군령부총장 나가노 오사미永野修身가 완벽한 승리는 고사하고, 이길 수 있느냐가 문제라며 일본의 열세를 은연중에 인정하는 발언을 했다. 이날 히로히토는 궁내청의 측근에게 "원칙적으로 미국, 영국과 벌이는 전쟁에 반대하지 않지만 확실한 승리에 대한 자신감이 없다면 절망감에 빠져들 것이 빤한 전쟁을 해서는 안 된다"며 전쟁에 대해 애매한 태도를 보였다.

개인적인 추론이지만 당시 히로히토는 '간'을 보고 있었다. "미국, 영국과 전쟁을 하면 물론 우리가 이기겠지만…" "원칙적으로 미국, 영국과 벌이는 전쟁에 반대하지 않지만…"이라

나가노 오사미

는 발언의 의미는 뭘까? 히로히토는 승산이 있다고 판단했고, 승산만 있다면 전쟁을 해도 상관없다고 생각했다. 그가 침울했던 것은 나가노를 비롯한 자기 주변의 총장들이 확실한 '승리 보장'을 하지 않았기 때문이다.

그렇다고 해서 일본이 전쟁으로 내달리는 발걸음을 멈춘 것은 아니다. 1941년 7월 26일 황궁 운동장에서는 이미 공습 대비 훈련을 시작했고, 대피소 건설에 대한 의견들이 나왔다. 또한 9월이 되자 앞으로 점령할 대동아공영권大東亞共榮圈에서 사용할 '군사 점령지역 엔화'를 찍어냈다.

일본은 전쟁을 결정했다.

06

미국의 최후통첩,
헐 노트

1941년 11월 26일 일본 정부는 미국으로부터 선전포고를 받았다(일본은 그렇게 생각했다). 그 유명한 '헐 노트Hull Note'다. 미국의 국무장관이던 코델 헐이 주미 일본 대사인 노무라와 구루스에게 전달했던 문서로 그 주요 내용은 다음과 같다.

　－ 미일 두 나라는 영국, 중국, 일본, 네덜란드, 소련, 태국,
　　미국의 다자간 불가침 조약 체결을 위해 노력할 것
　－ 미일 두 나라는 프랑스령 인도차이나에 대해 프랑스의
　　영토 주권을 존중하고 인도차이나와 무역이나 통상에
　　있어 차별 대우를 하지 않을 것
　－ 중화민국 및 인도차이나의 일본군 및 경찰력을 전면 철
　　수할 것

- 미일 두 나라는 장제스 정부 외에는 군사적, 정치적, 경
  제적 지원을 하지 않을 것
- 미일 두 나라는 영국과 기타 열강들이 중국에서의 치외
  법권을 포기하게끔 노력할 것. 1901년 베이징 조약에서
  보장한 외국인 거주지와 관련한 권익 보장 포함
- 최혜국 대우를 기초로 하는 통상 조약의 재체결을 위해
  협상을 시작할 것
- 미일 상호 간 자산 동결을 해제할 것
- 엔달러 환율 안정에 관한 협정 체결 및 통화 기금을 설립
  하고 기금은 양국이 절반씩 부담할 것
- 미일 두 나라가 제3국과 체결해놓은 협정들이 이 합의의
  참뜻과 태평양 평화 유지를 침해하는 쪽으로 해석되지
  않도록 노력할 것
- 이 협약의 기본 원칙을 다른 나라들도 따르도록 미일 두
  나라가 함께 영향력을 행사할 것

일본으로서는 받아들이기 힘든 조건이었고, 미국 정부도 일
본이 이를 받아들일 거라고 생각하지 않았다. 그런데 어째서
이런 조건을 던진 걸까? 앞에서도 언급했지만 미국은 일본의

외교 암호 코드를 깨뜨린 상황, 일본의 다음 카드를 손바닥 들여다보듯 내다보고 있었다.

주미 일본 대사들은 두 개의 협상 카드를 본국으로부터 건네받았다. 첫 번째 카드는 "일본군을 제한적으로 철수하고 중일전쟁을 종료할 수도 있다"는 것으로 1941년 11월 6일 발표되었다. 발표 전부터 미국은 이미 내용을 알고 있었고 이 제안역시 '순수한 외교적 노력'이라기보다는 시간 벌기용으로 생각했다. 미국은 두 번째 카드를 받아보고 생각을 정리하기로했다(물론 큰 기대는 없었다).

일본은 두 번째 카드도 공개했다. "일본에 대한 석유 수출만 재개된다면 일본은 동남아시아와 중국에서 군을 철수하겠다"는 내용이었다. 일본으로서는 파격적인 제안이었지만 미국의 반응은 시큰둥했다. 이유는 간단한데, 일본의 말과 행동이 달랐기 때문이다. 일본의 행동을 주의 깊게 관찰하던 미국의 정보망에 흘러들어온 이야기들은 일본 외교관들이 말하는내용과 달랐다. 당시 일본군은 여전히 군사 행동을 준비 중이었고, 인도차이나나 중국에 주둔한 군대들도 철수의 움직임을 보이지 않았다. 미국은 이것 역시 '시간을 끌기 위한 수작'이라고 생각했다.

형식상으로 보자면 11월 20일 일본이 전쟁을 피하기 위해 마지막 카드를 내밀었지만 미국은 너무도 간단히 이 카드를 내팽개치고 최후통첩과도 같은 권고를 날렸다. 그것도 불과 일주일 만에 말이다. 미국은 일본을 불신했고(불신할 수밖에 없었지만), 일본에게 더 이상 끌려다니지 않겠다고 다짐했다. 이미 그들도 전쟁을 예상하고 있었다.

헐은 육군 장관 헨리 스팀슨Henry Stimson에게 전화로 다음과 같이 말했다.

"이제부터 나는 미일교섭에서 손을 떼겠다. 자네나 녹스가

진주만 공격 2주 전인 1941년 11월 17일 주미 일본 대사 노무라(왼쪽)와 구루스(오른쪽)는 미국 국무장관 코델 헐(가운데)을 마지막으로 만났다.

알아서들 해라!"

한술 더 떠 루즈벨트 대통령은 "헐 노트를 받은 일본은 화가 나서 곧 쳐들어올 것이다"라고 말했다. 루즈벨트의 발언이 음모론처럼 들릴 수도 있지만(진주만 공격 유도론), 이는 미국 정가에서 상식처럼 떠돌던 이야기였다. 게다가 루즈벨트와 헐은 암호를 해독한 일본의 외교 문서를 받아보던 상황이 아닌가.

미국의 권력 수뇌부가 일본의 정보를 어디까지 파악하고 있었는지 단적으로 확인할 수 있는 이야기가 있다. 헐 노트를 일본에게 건네고 나서 일마 후 루즈벨트와 군 수뇌부에게 보라색 종이가 한 장 배달되었다. 보라색 문건은 1급 기밀로 분류되어 수뇌부에 한해 열람되던 최신 정보였다. 그 보라색 종이에는 일본의 도고 시게노리東鄕 茂德 외무대신이 주미 일본 대사인 노무라와 구루스에게 보낸 암호 전보의 원문과 암호 해독문이 담겨 있었다. 그 내용은 가히 충격적이었다.

"귀관들은 인간의 한계 이상으로 노력했다. 그러나 미국 정부는 우리나라에 참을 수 없는 굴욕적인 제안을 해왔다.

이제 교섭은 완전히 결렬되었다. 그러나 그와 같은 인상을 그들에게 주지 않도록 유의할 것."

헐 노트가 일본에 전해지고 얼마 지나지 않아 미국은 조만간 일본이 전쟁을 일으킬 거라는 사실을 알았다. 그리고 그 즉시 진주만에 경고를 날렸다. 여기서 주목해야 할 점은 WPC4C(대일본전쟁의 작전명령)가 미국이 헐 노트를 일본에 보낸 11월 26일 시작됐다는 점이다. 즉, 미국은 일본이 조만간 쳐들어올 것이라고 예상하고 이때부터 대일전쟁을 준비했다고 말할 수 있다. 물론 단순히 경계경보를 발령했다고 볼 수도 있지만 논리적으로 보자면 미국도 일본과 전쟁할 준비를 하고 있었다.

육군 장관이던 헨리 스팀슨은 루즈벨트가 미 군부와 회의하며 발언했던 내용을 다음과 같이 증언했다.

"일본군은 선전포고도 없이 전쟁을 시작하기로 악명이 높기 때문에 아마 12월 1일 월요일에 미국을 공격할 것이다."

루즈벨트의 예상은 '살짝' 빗나갔다(일주일 정도의 오차였다).

중요한 것은 미국의 최고 군통수권자부터 외교의 수장, 각 군의 지휘관들이 조만간 일본이 쳐들어올 것이라는 사실에 동의했고 이에 대비하고 있었다는 점이다. 이미 해외에 주둔 중인 미군에게는 비상경계령이 내려진 상황이었다.

문제는 일본군이 어디를 공격하느냐 하는 것이었다. 당시 루즈벨트는 '전쟁대비위원회'에서 개인적인(그동안 획득한 정보를 토대로) 의견을 피력했는데 "말레이시아나 동인도제도에서만 전쟁이 터질 것이다"라고 말하기도 했다. 일본이 미국 영토를 공격하지는 않을 거라고 예상한 것이다. 고작 해봐야 아시아 지역의 주둔 중인 미군을 상대로 싸움을 걸 것이라는 판단이었다.

그렇다면 당시 진주만은 어땠을까? 이미 하와이의 킴멜 제독과 쇼트 장군은 이 레인보우 작전을 실행하며 정찰과 안전을 위한 적절한 방법을 준비하고 있었다('전쟁대비령' 통보였다). 단, 이 레인보우 작전에 꼬리표가 하나 달려 있었다는 게 문제였다.

"시민들에게 불안감을 조성하지 말 것."

헐 노트에 대한 일본의 반응
—

도고 시게노리란 이름은 한국과 인연이 깊다. 그는 에도 막부를 무너뜨리고 메이지 유신에 공을 세운 사쓰마번 나에시로가와촌苗代川村에서 한국계 일본인인 박수승朴壽勝과 역시 한국계 일본인인 박토메 사이에서 태어났다(그의 조상을 거슬러 올라가면 임진왜란 때 도공으로 끌려온 박평의가 나온다. 그의 조선식 이름도 남아 있는데 바로 박무덕이다).

한국계 일본인이란 신분적 한계를 극복한 그는 동경제국대학 독문과에 합격했고, 이후 대학 재학 중 외교관 시험에 합격했다. 그 후 굵직굵직한 외교 현안들을 해결해나갔고 1941년 일본의 운명을 결정짓는 도조 히데키 내각에서 외무대신으로 입각한다.

그는 외무대신으로서 미국과 전쟁하는 것을 막기 위해 노력했다. 정통 외교 관리 출신이던 그는 미국이 만족할 만한 협상안(점령지에서 철군하는 것)을 만들어 미국의 마음을 돌리려고 애썼으나 그의 노력은 일본 군부의 반발과 미국의 냉대로 물거품이 되고 말았다.

그런 그에게 날아온 것이 헐 노트였다. 일본 정부의 고위 관

도고 시게노리

계자들과 군부는 헐 노트가 미국의 최후통첩이라고 생각했다. 도고 시게노리 역시 이 생각에 수긍했다. 일부에서는 헐 노트가 개전 조약상의 최후통첩 규정보다 더 강한 내용을 담고 있기 때문에 일본은 '자위를' 위해 국제법상 통고 없이도 미국을 공격할 수 있다는 '과격한' 해석이 나오기도 했다(물론 일본의 일방적 주장이지만). 그 정도로 일본은 격앙돼 있었다.

1941년 12월 1일 어전회의에서 개전 결정이 내려졌다. 같은 시각 태평양 반대편의 미국에서는 한 명의 일본인이 본국의 결정을 되돌리기 위한 최후의 수단을 준비하고 있었다.

07

진주만 공습,
두고두고 욕먹는 이유

데라사키 히데나리寺崎秀成란 이름을 들어본 적이 있는가? 일반인들에게는 대체로 잘 알려져 있지 않은 일본의 외교관으로 전쟁의 위기가 최고조로 달아오르던 1941년 11월 말, 그는 주미 일본 대사관에서 노무라의 개인 비서로 활동하고 있었다.

국제 정세에 밝은 그는 타고난 외교관이었다. 그런 그의 눈에 비친 조국 일본은 마치 기름을 등에 지고 불속으로 뛰어드는 것처럼 보였다. 그동안 쏟은 모든 외교적 노력이 물거품이 되고 전쟁만을 눈앞에 남겨둔 조국을 바라보면서 그는 그가 할 수 있는 최후의 외교적 노력을 시도했다. 11월 29일 미일 교섭 담당 특명전권 대사였던 구루스에게 자신의 의견을 다음과 같이 피력한 것이다.

"대사님! 왜 국민을 위한 사기꾼이 되려고 하지 않으십니까? 중국에서 철수하겠다고 왜 미국에 말하지 않으십니까? 우리는 중국에서 오래 견딜 수 없습니다. 전쟁을 주도하는 사람들도 그것을 충분히 알고 있습니다."

그의 말을 가만히 듣던 '노련한' 구루스는 공을 슬쩍 그에게 돌렸다.

"당신이 한번 해보지 그래? 우리가 루즈벨트 대통령에게 접근하려면 중재자를 이용해야 하고, 또 그 중재자에게 평화를 호소하는 전신문은 덴노에게 직접 승인받아야 해. 나도 이미 도조의 승인을 얻으려고 전신문을 보냈지만 거부당했지. 경고하는데 당신이 말한 그런 전신문은 도조를 건너뛰고 덴노에게 바로 전달되어야 할 거야. 그러나 그런 행동을 도조가 알아차리면 당신뿐 아니라 당신 가족 전부가 죽을지도 몰라. 이런 위험을 나보고 감당하라고? 이제는 당신 차례야."

국가의 존망이 걸려 있는 상황에서 구루스는 지금 데라사키가 계획하는 일의 '후과後果'를 상기시켰다. 이미 일본은 정상

구루스 사부로

국가의 범주에서 벗어난 지 오래였다. 도조 히네키가 데라사키의 가족 전부를 죽일 수도 있다는 건 단순한 협박이 아니라 미래에 닥칠지도 모를 '현실'이었다.

그러나 데라사키는 조국 일본의 위기를 못 본 척 할 수는 없었다. 데라사키와 구루스는 즉시 국민당 정부의 워싱턴 주재 대사인 후스胡適 박사와 접촉했다. 그러고는 루즈벨트 대통령에게 보낼 중재인으로 루즈벨트의 오랜 친구인 스탠리 존스 Stanley Jones 목사를 선택했다.

데라사키의 생각은 간단했다. '루즈벨트 대통령이 덴노에게 개인적인 메시지를 전달한다면 전쟁은 피할 수 있다. 덴노가 전쟁하는 것을 괴로워하면 일본 군부와 국민은 덴노의 지시를 따를 수밖에 없기 때문에 덴노의 마음만 움직인다면 전쟁은 피할 수 있다.'

이것은 '꽤' 위험한 생각이었다. 다시 말하면 '덴노는 일본 정부를 움직일 수 있는 힘이 있다'는 의미가 되기 때문이다. 이는 덴노가 태평양전쟁 개전에 영향을 끼쳤고, 이후 전쟁의 수행 과정에 있어서도 일정 수준의 영향을 끼쳤다고 추측할 수 있는 판단의 준거準據가 되기 때문이다.

스탠리 존스 목사

그러나 1941년 12월 3일 데라사키의 뜻대로 전쟁을 막기 위한 마지막 시도가 진행됐다. 스탠리 존스 목사는 백악관을 방문하여 루즈벨트에게 데라사키의 의도를 전달했다.

"여기 있는 일본 사람들이 각하가 덴노에게 개인 메시지를 전달해주길 바란다는 말을 저에게 부탁했습니다. 그러나 그들은 자신들이 일본 정부에 아무 말도 하지 않고 덴노에게 직접 편지를 보내게 했다는 사실이 기록으로 남아서는 안 된다고 이야기했습니다. 그래서 저도 그들의 서면 확인을 받지는 못했습니다."

어디까지나 비밀스런 접촉, 비밀스런 전달이었다. 루즈벨트는 이에 흔쾌히 동의했다. 루즈벨트 역시 전쟁을 피할 수 있는 방법을 찾던 중이었다. 그리고 그 방법 가운데 하나로 덴노에게 친서 보내는 걸 고려하고 있었다. 울고 싶은데 뺨 때려준 격이랄까? 문제는 '친서를 어떤 방법으로 전달하느냐'였다.

"덴노에게 꼭 직접 보내야 합니다. 구루스와 데라사키의 간곡한 요청입니다."

스탠리 존스 목사는 구루스와 데라사키의 부탁을 가감 없이 전달했다. 덴노에게 꼭 직접 보내야 한다는 의미가 뭘까? 중일전쟁이 한참 격화되던 1937년 12월 일본 해군 항공대가 양쯔강을 따라 내려오던 미국 해군 함정인 USS 파나이USS Panay를 공격하여 격침한 적이 있었다. 당시 해군성 차관이던 야마모토 이소로쿠가 미국에 공식 사과를 할 정도의 큰 사건이었다. 이때 루즈벨트는 덴노에게 친서를 전달하려고 했으나 일본 외무성까지만 전달되고 황궁까지는 전달되지 못했다('않았다'는 표현이 맞을 것이다). 편지는 중간에 행방불명됐고, 사건은 유야무야 넘어갔다. 편지를 보낸다 하더라도 덴노에게 전달되리라는 보장은 없었다. 루즈벨트는 이 문제를 '무겁게' 받아들였고 다른 방법을 생각하기에 이르렀다.

"통신실에 갈 것도 없이 미국 대통령의 이름으로 일본국 덴노 앞으로 전신문을 보내겠소. 주일 대사인 조셉 그루Joseph Grew는 덴노를 알현할 수 있을 테니 그에게 보내 직접 전달할 수 있게 하겠소. 그런 다음 24시간 안에 아무 소식이 없으면 나도 나름대로의 조치를 취할 생각이오. 언론에 내가 덴노에게 전신문을 보낸 사실을 공개하여 회답을 재촉하겠소."

그루 대사를 통해 직접 덴노에게 편지를 전달하고 그 답장도 언론을 통해 받아내겠다는 계산이었다.

1941년 12월 6일 루즈벨트는 편지를 작성하여 그루 대사에게 보냈다. 이때가 저녁 6시였다. 그러나 대통령의 초긴급 메시지는 12시간이나 지체됐다(일본 쪽의 방해 공작이 있었다는 설이 거론된다). 결국 그루 대사가 전문을 받아본 것은 일본 시각으로 12월 8일 0시 30분이었다.

운명의 장난일까? 일본의 진주만 공격에 대해서는 아무것도 몰랐던 그루 대사는 도고 시게노리 외무대신을 만나 가급적 빨리 덴노와 면담하기를 요청했다. 그러나 몇 시간 뒤 일본이 진주만을 공격할 것이란 사실을 알고 있던 도고 시게노리는 덴노와 그루 대사의 만남을, 아니 정확히 말해 루즈벨트의 편지를 덴노에게 전달하게 할 수는 없었다. 도고 시게노리는 덴노가 취침 중이므로 지금 만날 수 없다고 에둘러 거절했다. 그러자 그루 대사는 다급한 마음에 루즈벨트의 편지를 직접 도고 시게노리에게 읽어주었다. 도고 시게노리는 최대한 빨리 루즈벨트의 편지를 덴노에게 전달해주겠다고 그루 대사를 달랜 뒤 도조 히데키 총리에게 달려갔다. 이들은 루즈벨트의 편지가 더 이상 의미 없다고 생각했지만(몇 시간 뒤 진주만을

일본의 진주만 공격

공격할 것이므로) 그래도 마지막까지 외교적인 모양새를 갖추기 위해 나름의 답장을 준비했다.

이 답장은 결국 어떻게 됐을까? 히로히토는 일본의 운명이 걸려 있는 진주만 기습 결과를 확인하기 위해 전쟁 상황실로 향했는데 이때 도고 시게노리를 통해 루즈벨트의 친서 이야기를 전해 들었다. 히로히토의 반응은 간단했다.

"준비했던 대로 답장을 보내라."

이 답장은 루즈벨트에게 전달되지 않았다. 훗날 히로히토는 루즈벨트의 친서를 직접 받았다면 전쟁까지는 가지 않았을 것이라고 말했다. 악어의 눈물 같은 가식이며 위선이다.

선전포고

—

진주만 공격의 가장 큰 미스터리 가운데 하나는 어째서 일본은 공격 후에 선전포고를 했는가 하는 부분이다. 정확히 말하자면 선전포고가 늦게 전달되었다.

일단 선전포고의 개념과 당시 국제사회에서 선전포고가 갖는 의미를 알아야 일본의 '지각 선전포고'의 정치적 함의를 이해할 수 있을 것이다.

첫째, 선전포고의 의미

말 그대로 '전쟁을 널리 선언한다'라는 의미다. 즉, 전쟁하기 전에 전쟁 사실을 외부에 알리는 행위로 군사 전략상 꽤 중요한 문제다. 전쟁 초기의 '승기를 잡을 수 있는 기회'를 포기하는 일이기 때문이다. 간단히 말해 '기습'에 의한 공격

효과를 일정 부분 포기한다는 의미다. 현대전에서 기습은 공격자가 방어자보다 최소 1.3배, 최대 3배의 승수 효과를 가져다준다. 이런 기습을 포기한다는 건 공격자로서는 꽤 어려운 선택이다. 이런 수치적인 계산을 고려하지 않더라도 기습이 갖는 이미지는 전쟁 전반에 걸쳐 많은 영향을 끼친다.

둘째, 선전포고의 시작

선전포고는 유럽에서 발원됐다고 보는 게 맞다. 중세 시대부터 관습화된 '결투'의 전통 덕분에 싸움할 상대방에게 도전장을 보내는 것이 일상화됐고, 이게 국가 단위로 확대된 것이 선전포고라고 생각하면 이해하기 쉽다. 문화적 토대가 갖춰졌기에 가능했던 일이다. 그렇다고 해서 유럽의 모든 국가가 신사적으로 선전포고를 하고 전쟁을 일으켰던 건 아니다. 근대에 들어서기 전까지는 일종의 불문율, 관습법 같은 존재였기에 선전포고를 하지 않았다고 하여 어떤 제재를 받았다는 기록도 없다. 겉으로 보면 기사도 정신에 입각해 정정당당한 승부를 벌일 것 같은 유럽도 선전포고를 '일상'이라고 말할 수준은 아니었다. 일단 전쟁은 무슨 수를 써서든 이겨야 하는 것이 아닌가?

그런데 근대에 들어오면서 이 '선전포고'가 법의 테두리 안에 들어오게 됐다. 원인은 아이러니하게도 '일본'이었다. 러일전쟁 당시 일본의 기습 공격으로 홍역을 치른 러시아의 니콜라이 2세가 1907년 제2차 헤이그 평화회의에서 의제를 던졌고 채택됐다. 그리고 1910년 1월 정식으로 발효됐다. 일본은 자신들 때문에 법제화된 이 개전 조약이 못마땅하긴 했지만 1911년 12월에 이를 비준하고 이듬해인 1912년 1월에 공표했다. 이 개전 조약의 1조를 살펴보면 그 성격을 확인할 수 있다.

루즈벨트 대통령에게 전달된 진주만 공습 전문

"체약국은 이유를 명시한 개전 선언의 형식 또는 조건부 개전 선언을 포함하는 형식을 갖춘 명료한 사전 통고 없이 체약국 상호 간에 전쟁을 개시하지 않음을 승인한다."

한마디로 전쟁을 하고 싶으면 의사 표시를 '확실하게' 전달하고 그 이유를 설명해야 한다는 의미다.

이 조약을 두고 러시아의 트집 잡기라고 말할 수도 있겠지만 일본의 행태가 좀 심했다. 일본이 벌이는 전쟁을 지켜본 서방 국가들은 하나같이 일본을 '방심하고 있는 적국을 향해 기습 공격을 퍼부어 승리를 갈취하는 나라'로 인식했다(청일전쟁, 러일전쟁을 생각하면 이해가 빠를 것이다). 이는 진주만 기습 공격이 있기 전 루즈벨트의 발언만 봐도 이해할 수 있다. 일본은 언제나 비겁하고 치사하게 기습 공격을 하는 나라였다.

일본으로서는 억울한 측면이 있지만 로마에서는 로마법을 따라야 하지 않는가? 메이지 유신 이래로 근대화에 성공했고, 구미 열강들에게 인정받아 당당히 국제사회의 일원으로 들어가는 것을 국가의 최대 목표로 삼았던 일본은 국제법을 잘 지켜야 한다는 자기검열에 빠져들었다. 그 결과 제1차 세계 대전 당시 일본은 말 잘 듣는 모범생이었다. 그때 일본은 다이쇼

다이쇼 덴노

덴노 시절이었는데 그는 조칙詔勅에 몇 번이나 국제법 준수에
관한 내용을 담았다. "혹시라도 국제법에 어긋나지 않는 한"
"무릇 국제법의 범위 내에서" 등의 표현을 써가며 일본의 국
제법 준수를 강조했다. 이 때문인지 일본은 제1차 세계 대전
참전 당시 국제법 절차에 맞춰 선전포고를 했고, 이후의 포로
대우에 있어서도 제2차 세계 대전 때와 달리 '관대한' 모습을
보였다.

포로에 관한 부분을 잠깐 설명한다면 제1차 세계 대전 당

시 세계 각국의 포로 대우는 제2차 세계 대전 때와 비교하면 상당히 '여유'가 있었다. 제2차 세계 대전 당시 자유 프랑스La France Libre정부를 이끈 드골Charles De Gaulle 대통령도 제1차 세계 대전에서 독일군에게 포로로 잡힌 경험이 있는데 그때만 해도 장교들은 장교의 명예를 걸고 '포로 수용소로 원대 복귀하겠다'라는 내용이 담겨 있는 서류에 사인만 하면 주말 외출도 가능했다. 이는 장교들뿐만 아니라 사병들도 마찬가지였다.

왜 그랬을까? 제1차 세계 대전까지만 하더라도 인간의 순수성과 인류애가 넘쳐났기 때문일까? 아니다. 이유는 간단했는데 이런 경험이 처음이었기 때문이다. 제1차 세계 대전 이전까지 이 정도 규모의 병력들이 서로 맞붙은 적이 없었다. 근대화에 성공한 구미 열강들은 넘쳐나는 에너지와 재화를 토대로 대단위 병력들을 구성해 전선으로 투입했고 이는 맞서 싸우는 적들도 마찬가지였다. 그렇기 때문에 이전 세대에서는 경험해볼 수 없던 대단위의 살육과 엄청난 포로들을 목도하게 된 것이다. 포로로 잡힌 이들도, 포로를 잡은 이들도 이 문제를 어떻게 해결해야 할지 몰라 난감해하는 사이 자연스레 포로 대우가 느슨해졌다.

그렇다면 일본은 어째서 변한 걸까? 제1차 세계 대전 때까

히로히토 덴노

지만 하더라도 국제법에 나와 있다면 두말 않고 따르던 순진한 모범생이 만주사변과 뒤이은 만주국 수립, 국제연맹 탈퇴이후에는 국제법을 경시하는 모습으로 바뀌었다. 이는 덴노가 말하는 조칙에서도 가감 없이 드러났다.

"국가의 총력을 다해!"
"일체의 장애물을 파쇄하여."

아버지와 아들이 서로 다른 것일까? 아버지 다이쇼 덴노가 국제법 준수를 위해 노력했다면 아들 히로히토 덴노는 국제법이라는 족쇄 대신 '대동아공영권' 건설을 위해 국가 총력전을 설파했다. 이유가 뭘까? 당시 일본이 군부 파시즘의 영향력 아래 있었다는 점도 이유가 되겠지만 그보다 결정적인 것은 당시 일본의 입장 때문이었다.

다이쇼 시절까지만 하더라도 구미 열강을 좇으며 국제사회의 일원이 되겠다는 열망이 강했다면 히로히토 시절의 일본은 구미 열강이 만들어놓은 세계 질서를 걷어차고 일본이 만든 새 질서인 대동아공영권을 세우겠다는 의지를 불태웠다. 이러한 이유로 일본은 만주사변 이후 국제법을 경시하고 일본식의 세계관을 외교와 전쟁에 투영했다.

08

역사상 가장 병신 같은
선전포고

미국 시간으로 1941년 12월 7일 오전 7시 49분 항공모함을 박차 오른 일본의 전투기와 폭격기들이 진주만에 어뢰와 폭탄을 떨어뜨렸다. 이 소식은 곧 미국 정부에 전해졌다. 그리고 1시간 뒤인 1941년 12월 7일 오전 8시 50분. 노무라 주미 일본 대사는 미국 국무장관 헐 앞에서 5000자에 이르는 선전포고문(최후통첩성 경고문에 가까웠다)을 읽기 시작했다.

헐 장관은 이 정체 모를 외교 문서의 낭독을 다 듣고는 "50년의 공직생활을 하는 동안 이토록 파렴치하고 허위와 왜곡이 가득한 문서를 본 적이 없다. 지구상의 어떤 정부도 이처럼 거창하고 악의에 찬 수치스러운 허구를 조작해낼 수 있다고 생각해보지 못했다"라며 격노했다. 영문을 모른 채 쫓겨난 노무라 대사와 구루스 특사는 대사관에 돌아가서야 진주만 기습 공격에 대한 소식을 들었다. 여기서 두 가지 의문이 남는다.

  첫째, 주미 일본 대사관에서는 '선전포고'라는 중차대한 외교 문서를 왜 늦게 전달했을까?
  둘째, 선전포고문에 어떤 내용이 들어 있기에 헐 장관이 그토록 화를 냈을까?

  우선 선전포고문의 지각 전달에 대해 생각해보자. 1941년 12월 2일 도고 시게노리 외상은 장차 닥칠 진주만 공격에 대비해 주미 일본 대사관의 암호 기계(독일의 에니그마를 카피한) 네

진주만 공격을 보도한 신문 기사

대 가운데 한 대만을 남겨놓고 파기하라는 명령을 내린다. 암호 책 역시 한 권만 남겨놓게 했다.

1941년 12월 6일 14부로 구성된 일본의 선전포고문 가운데 핵심이 되는 14부를 제외한 나머지를 일본 시각으로 12월 6일 오후 8시 30분부터 7일 새벽 0시 20분까지 발신했고, 주미 일본 대사관은 미국 시간으로 12월 6일 정오경에 수신했다.

이때부터 일이 꼬이기 시작했다. 13부의 긴 문서에 대한 해독을 마친 시간이 밤 11시였다(이때 이미 미국 측은 일본의 암호문을 해독했다). 그러나 해독을 마친 문서를 가지고 서기관실에 가보니 서기관실이 텅 비어 있었다. 당시 대사관에 근무 중이던 두 명의 참사관과 세 명의 서기관들이 주말이라 일찍 퇴근해버렸기 때문이다. 이를 확인한 전신과 직원들은 자기들만 헛고생했다며 당직 한 명만 남기고 모두 퇴근했다. 그리고 7일 새벽 2시 38분에 마지막 14부 전문이 들어왔다.

이 마지막 전문에는 워싱턴 시각 오후 1시까지 국무장관을 만나 전달하라는 것과 이후 모든 암호 기계와 암호 책을 파기하라는 명령이 적혀 있었다. 워싱턴 시각으로 7일 오후 1시는 하와이 시각으로 7시 30분이었고, 이는 진주만 기습 공격이 있기 20분 전이었다. 일본 군부는 선전포고를 하는 것이 탐탁

지 않았고, 하더라도 미국이 대비할 시간을 최소화해야 한다고 주장했다. 그렇게 하여 계산된 시간이 '20분'이었다.

문제는 급박하게 전신을 받은 일본 대사관 쪽이었다. 제대로 해독하고 이를 다시 정서精書하느라 정신이 없었다. 도저히 워싱턴 시각 오후 1시까지 맞출 수 없다고 판단한 노무라 대사는 헐 장관과의 약속을 오후 2시로 연기했다.

노무라와 구루스가 국무성에 들어간 시각은 워싱턴 시각으로 오후 1시 50분이었고 이때는 이미 진주만이 박살난 뒤였다. 이미 헐 장관은 하와이의 킴멜 장군으로부터 일본의 진주만 기습 공격 보고를 받고는 충격에 휩싸인 상태였다. 그는 곧 루즈벨트 대통령에게 전화를 걸어 진주만 공격을 전달했다. 그러고는 오후 2시 20분 일본 대사들을 자신의 집무실로 불렀다.

역사의 아이러니라고 해야 할까? 주미 일본 대사관 직원들의 나사 빠진 듯한 행보가 왠지 석연치 않다. 당시 일본 외교부 직원들은 전쟁을 앞두고 10여 일째 철야로 대기하고 있는 상태였다. 그러나 전쟁 상대국이 될지 모르는 미국에 파견돼 있던 주미 일본 대사관 직원들이 한가하게 주말을 즐기고 있었다는 사실이 좀 이상하지 않은가 왜 그랬던 걸까? 그들이 무능했기 때문일까? 아니다. 워싱턴에 파견된 일본 외교관들은 사안의 중대성을 고려해 최고의 인재들 가운데서도 특별히 가려 뽑은 엘리트 중의 엘리트들로 구성됐다. 문제는 너무 우수한 인재들이었기에 서로를 출세의 경쟁자로 바라봤다는 점이다. 그러한 이유 때문에 이들은 서로 견제했고 출근할 때 인사조차 나누지 않았다. 문제는 부하들이 이런 상황이라면 이들의 총책임자인 대사가 나서서 교통정리를 해야 하는데 당시 대사였던 노무라는 외교관 출신이 아니라 해군 대장 출신으로 이런 능력이 부족했다. 그는 부하들을 완전히 장악하지 못했다.

전쟁이 끝나고 나서 히로히토가 주미 일본 대사관 직원들의 무능력함을 질타했을 정도였다. 그러나 일본 대사관 직원들이 무능력해서 실수를 한 건 아니었다. 하필 그때 일본 대사관에서는 특별한 '이벤트'가 있었다.

"12월 6일 일본 대사관 전 직원들은 리우데자네이루로 떠나는 한 직원의 송별 점심 파티를 가졌다. 메이플라워 호텔에서 열린 파티는 오후 내내 계속 되었는데 암호 해독 요원을 포함하여 외교관들 모두 그날 오후 특별히 할 일 없는 사

람들처럼 보이지 않았음에도 자리를 지켰다. 이때 대사관에
는 이미 장문의 선전포고문 전문이 도착해 있었다."

– 도메이 통신의 가토 마쓰오 특파원의 증언

역사의 아이러니다. 공격이 끝난 뒤 전달받은 선전포고문은
미국 국민의 분노를 폭발시켰다. 그리고 그 내용은 미국 고위
관료와 정책 결정자들에게는 '환상의 선전포고문'으로 불리며
환멸과 멸시의 대상이 됐다.

"(상략) 제국 정부는 여기에 미합중국 정부의 태도로 미루
어 금후 교섭을 계속할지라도 타결에 이를 수 없다고 인정치
않을 수 없음에 관하여 미합중국 정부에 통고함을 유감으로
여기는 바이다."

이 문장은 14부에 달하는 일본의 대미 선전포고문의 마지
막 대목이다. 무슨 의미인지 이해할 수 있겠는가? 일본이 대
미각서라고 부르는 이 선전포고문은 모호하기 짝이 없는 '괴
문서'였다. 이 문서에 대한 비판은 전후 일본인들 사이에서도
제기됐던 문제다 결국 1998년 이 선전포고문을 작성했던 일

본의 외교관 가세 도시카즈加瀨俊一가 말문을 열었다(《추한 한국인》을 쓴 일본의 우익 언론인 가세 히데아키가 그의 아들이다).

"(상략) 군부가 생각하고 있던 전쟁의 전략은 기습이었습니다. 전쟁은 이기기 위해 하는 것이라며 해군은 자기들의 본심인 진주만 공격이 가급적이면 드러나지 않는 내용을 원했습니다. 대미각서의 말미에 넣은 '교섭 타결의 불가능'이라는 문구도 처음에는 반대할 정도였습니다. 개전 통고를 연상시킨다는 이유였지요. 따라서 정식 선전포고문을 내밀 분위기가 아니었습니다."

당시의 분위기가 손에 잡힐 듯 보인다. 일본 정부와 군부는 헐 노트가 미국의 최후통첩이라고 간주했다. 그리고 헐 노트가 최후통첩이라면 형식을 갖춘 '정식' 선전포고를 하지 않아도 된다는 의견이 지배적이었다. 가세 도시카즈의 증언 역시 이러한 사실을 뒷받침한다.

"당시 대미각서를 미국 측에 보내기 전에 국제법학자인 요코다 기사부로橫田喜三郎 동경대 교수와 상담했습니다. 요코다 교수는 대미각서를 헐 노트와 함께 읽어본 뒤 법학자의 입장에서 봐도 이 정도면 충분하다고 했습니다. 게다가 기습 공격의 성공을 노리는 해군 당국과 도고 시게노리 외상이 격론 끝에 합의한 내용이라서 그 이상 선전포고의 의도를 명문화한다는 것은 무리였습니다."

일본은 국제법상 '선전포고'를 했다는 명분도 얻으면서 미국이 선전포고인지 아닌지를 고민하게 만들어 기습 공격의 성공 확률도 높이고 싶었다. 그야말로 '꼼수'였다. 게다가 20분이라는 촉박한 시간은 속이 빤히 보이는 처사였다(원래 1시간이었으나 군부의 압력에 의해 20분으로 조정됐다). 이러한 선전포고마저 미국 측에 늦게 전달되었으니 일본 입장에서 태평양전쟁은 시작부터 '꼬인' 전쟁이었다.

훗날 전쟁이 끝난 뒤 도고 시게노리 외상은 개전 조약에는 시간에 대한 언급이 없다는 핑계를 내놓았다.

진주만 공습은 일본에게 남는 장사였을까?
—

한가로운 일요일 오전, 선전포고 없이 기습적으로 쳐들어온 일본군은 '일방적인' 학살을 자행했다. 3581명의 미군이 전사했고 1247명이 부상당했다. 실질적인 '전력'의 피해도 컸다. 기습 당시 진주만에는 전투함정 70척과 보조함 24척이 정박하고 있었는데 일본은 미국의 전함 4척, 부설함 1척, 표적함 1척을 격침시켰고 경순양함 3척, 구축함 3척, 수상기모함 1척, 공작함 1척을 격파했다. 항공기 230대도 주저앉혔다(격침된 군

일본군의 진주만 기습 당시 폭격당한 히컴 공군기지

함 6척 가운데 3척은 훗날 다시 건져올렸다).

이런 대전 결과에 비해 일본 측의 피해는 극히 미미해서 97식 함상공격기 5대와 99식 함상폭격기 15대, 제로센 9대가 손실의 전부였다. 단순 계산으로만 보면 일본은 엄청난 전과를 거둔 것처럼 보인다. 만약 전쟁이 이 한 번의 전투로 끝나는 게임이었다면 일본의 승리겠지만 앞으로 벌어질 '태평양레이스'의 시작을 알리는 첫 전투였던 진주만 기습은 일본에게 결코 유리하지만은 않았다.

미국의 태평양 함대는 거의 괴멸 직전의 엄청난 피해를 입은 것처럼 보였지만 그 당시 입은 미군의 피해는 태평양 함대 전력의 10퍼센트 수준이었다. 실제로 진주만에서 격침당한 함정 가운데 '오클라마'와 '아리조나'를 제외하곤 다시 건져 쓸 수 있었다. 문제는 이 진주만 기습 덕분에 미국은 일본의 항모 운용기술을 고스란히 전수받게 됐다는 점이다(실상은 전함이 부족해 항모 기동 부대로 태평양 함대를 개편한 것이지만).

미국은 본격적으로 태평양에 '기동함대'를 만들어 띄우기 시작했다. 진주만에서 도쿄까지 가는 그 4년 동안 미 해군은 정규항모에 개조항모를 더한 100척이 넘는 항공모함을 찍어 냈다. 반면 항공모함 기동부대의 신화 창조를 달성한 일본은 이후 '야마토'나 '무사시' 같은 전함에 목매며 자신들이 일궈 낸 신화를 퇴색시키고 만다.

어쨌든 미국은 진주만에서의 일격 덕분에 자의반 타의반으로 항모를 주축으로 한 기동함대를 건설하게 되었다. 오늘날 5대양 6대주를 누리는 미국의 항공모함 함대는 제2차 세계 대전 때의 경험으로 운영기술과 그 편제를 완성했다고 봐도 과언이 아니다.

그렇다면 종합적으로 봤을 때 진주만 기습은 일본에게 독이었을까? 맞다. "전술적으로는 승리했지만, 전략적으로는 패배한 작전"이라는 표현이 적확的確할 것이다. 일본 입장에서 생각해본다면 전술직으로도 아쉬운 부분이 있었다. 야마모토 이소로쿠 연합함대 사령관과 나구모 주이치 제독의 조합이 바로 그것이다. 야마모토와 나구모는 서로 반대 파벌이었고 개인적으로도 불편한 사이였으니 미묘한 조합이 아닐 수 없었다.

원론적인 의문이지만 야마모토가 진주만을 기습하려 했던 이유는 무엇이었을까? 그 이유 가운데 상당 부분은 개인적인 트라우마가 원인이라는 것이 군사사학자들의 분석이다. 프로이트의 정신분석처럼 어떤 행동을 하려는 것은 자신의 잠재적인 무의식 때문이라는 말을 적용해보면 이해하기가 좀 더 쉽다. 러일전쟁 초반에 있던 여순항 전투에서 야마모토는 돌입 시점을 놓쳐 전투를 상당히 어렵게 끌고 갔다. 이 아픈 기억 때문에 야마모토는 '먼저 행동하면 반드시 이긴다'는 선수필승의 생각을 굳혔고, 이 생각이 진주만 기습이라는 행동으로 나타났다는 설명이다.

나구모는 또 어떠한가? 당시 진주만 공격에서 1차, 2차에 걸친 성공적인 작전을 마치고 마지막 숨통을 끊기 위한 3차 폭격을 시작하려던 찰나 그는 주저했다.

'3차 폭격으로 마지막 숨통을 끊을 것인가? 아니면 전함을 다 격파했으니 이 정도로 만족하고 전력을 보존한 채 귀환하는 게 옳은 선택일까?'

모함으로 귀환한 311대의 함재기 가운데 111대 이상이 피탄된 상황, 나구모는 지휘관으로서 고민에 빠졌다. 1차 폭격 때의 피격대수가 46대였던 반면, 2차 폭격 때 65대로 증가한 것이 나구모의 불안감을 증폭시켰다. 함상폭격기의 50.8퍼센트가 피탄된 상황이었으니 충분히 주저할 만한 상황이긴 했

니구모 주이치

지만 애초에 진주만 공격에서 자국의 항공모함 2척 격침, 2척 대파를 각오하고 실행한 작전이 아닌가? 나구모는 결국 미군의 전함을 다 격파했으니 '성공적인 기습' 수준에서 만족하고 빠져나가자는 유혹을 이겨내지 못했다.

만약 그가 손실을 각오하고 3차 폭격대를 보내 진주만의 드라이 독과 잠수함 대피소, 저유시설과 같은 전략시설을 폭격했더라면 태평양전쟁은 우리가 알고 있는 것과 전혀 다른 방향으로 흘러갔을 지도 모른다. 이 결정은 두고두고 일본의 발목을 잡았다. 만약 피해를 감수하고 3차 공격대를 출격시켰다면 일본은 최소 2년이란 시간을 더 벌수 있었다. 이후의 전쟁 상황을 봤을 때 일본 입장에서는 무척 아쉬운 대목이다.

물론 전후 결과를 다 알고 있는 사람들의 팔자 좋은 소리다. 당시의 현장 지휘관으로서는 고뇌에 찬 결단이었고 충분히 성과를 거뒀다고 보는 게 맞다. 애초 그들의 목표는 전투함이었고 나머지 목표들은 부차적인 존재였다. 게다가 피탄당한 기체들이 늘어나고 있었고, 미국 항공모함이 보이지 않았다는 사실도 부담으로 작용했을 것이다.

여담이지만 이런 나구모의 소심함은 이후에도 계속 드러났다. 1942년 산호해 해전에서 그는 프랭크 플레처Frank Jack Fletcher 제독과 일전을 벌이며 제해권을 확보하였음에도 불구하고 자신의 임무만 다하면 된다는 판단으로 눈앞에 보이는 미군 보급선들의 하역 작업을 보고도 그냥 돌아가버렸다.

09

미국,
제2차 세계 대전에 뛰어들다

"세계에서 가장 덜 위험한 열강"

진주만 기습 공격을 당하기 직전 미국의 별명이다. 스스로 고립주의를 자청하던 미국이었기에 어쩌면 '영광스런' 별명이었을지도 모른다. 당시 루즈벨트 대통령은 대서양 너머의 전쟁에 참전하고 싶었지만 미국 국민과 의회는 이를 원하지 않았다. 미국 의회는 진주만 기습 공격 직전에 전시 징병제를 실시하는 법안을 표결에 붙였는데 겨우 2표 차이로 통과됐다. 그러나 하룻밤 사이에 모든 것이 바뀌고 만다.

앞으로 치욕의 날로 기억될 1941년 12월 7일, 어제 미합중국은 일본 해군과 공군으로부터 고의적인 기습 공격을 받았습니다. 미국은 일본 제국과 평화를 유지하고 있었으며 일본의 요청으로 그들의 정부와 황제를 상대로 태평양에서 함께 평화를 유지하는 것을 목표로 하는 대화를 나누고 있었습니다.

사실 일본 비행 편대들이 미국 오아후섬에 폭격을 개시한 지 1시간 뒤, 주미 일본 대사와 그의 동료는 우리의 국무장관에게 미국 정부의 최근 서한에 대한 공식 답변을 제출하였습니다. 그리고 이 답변서는 외교 협상을 지속하는 것이 무의미하다는 입장을 밝히고 있었지만 군사적 공격 혹은 전쟁과 관련된 협박이나 암시는 포함하고 있지 않았습니다.

하와이에서 일본까지의 거리를 고려한다면 공격은 수일 혹은 심지어 수주 전부터 고의적으로 계획되었음이 명백합니다. 그 준비 기간 동안 일본 정부는 평화 유지를 희망하는 표현과 진술로 미국 정부를 기만하였습니다. 하와이 제도에 대한 어제의 공격은 미국 해군과 군사력에 심각한 피해를 입혔습니다. 유감스럽게도 매우 많은 미국 국민이 희생되었음을 여러분께 알려드립니다. 덧붙여 샌프란시스코와 호놀룰루 사이의 공해상에서 미국 군함들이 어뢰 공격을 받았다는 보고가 들어왔습니다.

또한 이제 일본 정부는 말레이 반도에 대한 공격을 개시하였습니다. 어제 밤 일본군은 홍콩을 공격하였습니다. 어제 밤 일본군은 괌을 공격하였습니다. 어제 밤 일본군은 필리핀 군도群島를 공격하였습니다. 어제 밤 일본군은 웨이크섬을 공격하였습니다. 그리고 오늘 아침 일본군은 미드웨이 군도를 공격하였습니다. 즉, 일본은 태평양 전역에 걸쳐 기습 공격을 감행한 것입니다.

어제와 오늘 벌어진 일들이 이를 스스로 증명합니다. 미국 국민은 이미 뜻을 굳혔고 우리나라의 생명과 안전에 초래된 결과를 잘 이해하고 있습니다. 미국 육군과 해군의 통수권자로서 본인은 국가 방위를 위한 모든 조치를 지시하였으며 이 조치는 모든 국민이 우리에게 가해진 침략의 성격을 기억하도록 할 것입니다. 우리가 이 계획적 침공을 격퇴하는 데 얼마의 시간이 걸리든 미국 국민은 정의로운 힘을 모아 완전한 승리를 거두게 될 것입니다.

최선을 다해 우리 자신의 방위를 위해 노력해야 할 뿐 아니라 이러한 식의 배신 행위가 앞으로 다시는 우리를 위협하지 못하도록 확실히 해두어야 한다는 나의 주장은 의회와 국민 모두의 뜻을 반영한 것이라고 믿는 바입니다. 앞으로 침략의 위협은 분명히 존재합니다. 우리 국민, 우리 영토, 우리 이익

'치욕의 날 연설'로 기억되는 루즈벨트의 선전포고 연설

이 심각한 위험 사태에 처해 있다는 사실은 분명합니다.

우리 군대에 대한 신뢰와 우리 국민의 결연한 의지로 우리는 기필코 승리를 거두게 될 것입니다. 신의 가호를 빕니다. 본인은 1941년 12월 7일 일요일 일본의 일방적이고 신의 없는 공격이 개시된 시점에서, 미국과 일본 사이에 전쟁이 시작되었음을 의회에서 선언해줄 것을 요청하는 바입니다.

－ 1941년 12월 8일, 루즈벨트 대통령의 대일전 선전포고 연설문

'치욕의 날 연설Day of Infamy Speech'로 기억되는 루즈벨트의 선

전포고 연설문이다. 연설은 비장했다. 이 연설 직후 의회에서 '전쟁 참가법'을 표결에 붙였는데, 상원에서 만장일치로 하원에서 388대 1이란 압도적인 지지로 가결됐다. 하원에서 유일하게 반대한 의원은 공화당의 지넷 P. 랜킨Jeannette P. Rankin의원이었다. 이 사람이 특별히 일본에 대해 호의를 가지고 있어서 반대표를 던진 것은 아니다. 미국 최초의 여성 의원이던 랜킨은 철저한 반전주의자였다. 제1차 세계 대전 참전 결정 때도 반대표를 던졌던 네 명 가운데 한 명이었고, 한국전쟁과 베트남전쟁 때도 반전 운동을 이끌었던 인물이었다. 그녀는 일본과 벌이는 전쟁뿐만 아니라 모든 전쟁을 반대했다. 그러나 상황은 제1차 대전 때와 달랐다. 미국 국민은 분노했고, 랜킨 의원은 신변 보호를 받을 정도로 엄청난 비난에 직면했다.

미국 사회에 분노와 격정이 몰아쳤다. 이 거대한 감정의 소용돌이는 곧 '애국심'이라는 이름으로 그 형체를 완성했다. 너나 할 것 없이 군대로 달려갔다. 미국인들의 자진 입대율은 90퍼센트에 이르렀고 신체검사를 통과하지 못한 이들이 자살을 하는 상황까지 벌어졌다.

이 대목에서 꼭 짚고 넘어가야 할 것이 있다면 당시 일본군이 미군을 압도할 수 있다고 자신한 '정신력'에 관한 진실이다. 공업 생산력을 비롯한 모든 사회 지표에서 압도적으로 미국에게 밀렸던 일본이지만 그들에게는 황국 신민으로서 그리고 사무라이 후예로서 미국을 압도할 수 있는 '정신력'이 있다고 선전했고 이를 굳게 믿었다.

그러나 정신력에 있어서도 미군이 일본군에 밀릴 이유는 없었다. 태평양전쟁에 참전한 이들은 미군 역사상 최고의 정신력을 지니고 있었다고 봐도 무방할 정도로 당시 미국의 인적 자원은 남달랐다. 순탄치 않았던 그들의 '성장 환경'이 이를 뒷받침했다. 그들은 미국 역사상 최악의 경제 위기라고 불리는 '대공황' 시기에 태어나고 자란 세대로 돈이 없어서 자식을 팔거나 가족이 해체되고, 술에 찌든 아버지가 삶을 포기하는 모습을 옆에서 지켜보기도 했다. 삶이 곧 전쟁터 같았던 그들은 어려운 시기를 지나오며 그만큼 더 단단해졌고, 상처를 이겨내는 방법에 있어서도 보다 성숙했다.

일본의 위정자들은 '개인주의가 만연한 미군들은 정신적으로 나약하고 사치와 향락만을 좇는다'고 믿었다. 하지만 그들의 정신 상태는 쉽게 단정할 만큼 만만하게 볼 수준이 아니었다. 그 증거는 전쟁이 끝난 직후 그들이 보여준 행보를 보면 확인할 수 있다.

1941년 12월 8일 일본을 향한
선전포고문에 서명하는 루즈벨트

　오늘날 전 세계에 하나의 '환상'으로 자리 잡은 '스위트 홈
Sweet Home'은 제2차 세계 대전을 참전하고 돌아온 군인들, 베이
비 붐 세대Baby Boom Generation의 아버지들이 만든 이미지다. 어
쩌면 그들의 피와 땀이 만든 '백일몽' 같은 현실이라고 해야
할지도 모른다. 아무리 행복한 가족이라도 그 안을 들여다보
면 갈등과 고민이 없을 수 없다. 그러나 겉으로만 본다면 이
시기의 가정은 대부분 행복해보였다. 이유는 무엇일까? 유년
시절에 대공황기를 겪으면서 생긴 공통된 트라우마가 그 원
인이었다.

경제적으로 궁핍하고 가정적으로 음울했던 대공황기를 겪은 이들은 자신의 자식들이 자기가 경험해보지 못한 문명의 혜택을 누리고 따뜻한 가정에서 삶을 영위하는 것을 보며 대리만족을 느꼈다. 자식을 위해 기꺼이 가장의 권위가 부정되더라도 그 의무를 수행할 의지를 보인 것이다. 여성의 경우도 행복한 결혼과 단란한 가정의 꿈을 이루었다는 것에 만족감을 느끼며 자신들의 마음 한구석에 자리 잡은 의문을 애써 무시했다.

이들에게 있어서 대공황은 하나의 기준점이었다. 자신들의 유년을 포기해야 했던 대공황에 대한 보상 심리로 가정에 더 집착했고, 그 반대로 결혼생활이 불만족스러울 때도 대공황기에 견주어보면 그래도 견딜 수 있다는 생각을 하며 결혼생활을 유지했다.

이들은 공동체가 해체되는 경험을 했던 세대였기에 공동체에 대한 그리고 자신의 가정에 대한 집착이 있었다. 한마디로 어딘가에 소속되고 싶은 강렬한 욕구와 소속된 공동체를 지켜야 한다는 강력한 동기가 있는 존재들이었다. 이런 상황에서 일본이 선전포고도 하지 않고 진주만을 공격했다. 일본은 미국에 대해 착각하고 있었다. 아니, 오해하고 있었다.

음모론

제2차 세계 대전을 둘러싼 수많은 음모론이 존재하지만, 그 중 백미는 미국의 진주만 공습 유도론이다. 루즈벨트가 진주만 공습을 사전에 알고 있었음에도 참전 여론을 형성하기 위해 일부러 '한 방' 맞아줬을 것이라는 의심이다. 그 증거로 회자되는 것이 진주만에 정박해 있어야 할 항공모함을 모두 피신시키고 진주만에는 구식 전함들로만 정박시켰다는 것이다. 그리고 루즈벨트에게 수많은 '공격 정보'가 사전에 보고됐다는 점을 거론하며 진주만 공습 유도론 혹은 묵인론이 힘을 얻었다. 그러나 이는 결과에 과정을 내입한 것일 뿐이다. 진주만 공습 유도론의 근거로 제시되는 부분을 중심으로 당시의 상황을 좀 더 자세히 살펴보자.

첫째, 진주만에 있어야 할 미 항공모함이 다른 곳에 있었다

영화 〈연합함대 사령장관 야마모토 이소로쿠〉에서는 승리에 환호작약하는 참모들에게 "이 작전은 실패했다. 항공모함을 놓쳤다"라고 말하는 장면이 나온다. 과연 그럴까? 우선 진주

만 공습 직전까지 '항공모함'에 대한 미 해군의 인식을 생각해 볼 필요가 있다. 그때까지 미 해군에서 최고의 전력으로 분류된 것은 '전함'이었다. 항공모함은 함대의 주력이 아닌 보조 전력으로 취급받았다(여타 다른 국가의 해군에서도 마찬가지였다).

물론 항공기의 성능이 발전하면서 그 잠재력을 인정하는 세력들이 등장했다. 이들의 목소리가 커지면서 미 해군 안에서도 전함을 옹호하는 세력과 항공기를 옹호하는 세력들이 갑론을박 서로의 주장을 내세웠다. 폭격기가 바다 위에 떠 있는 표적함을 타격하자 전함 옹호론자들은 곧 반론을 펼쳤다. "대공포의 포화 속에서도 이렇게 폭격할 수 있을까? 연습 폭격 때는 대공포의 방해가 없지 않은가?"라며 전함 우위를 내세웠다. 그리고 전함이 항공기보다 효율적이란 사실을 강조했다.

"항공모함 함재기 30대가 출격해 떨어뜨리는 폭탄의 양보다 전함이 같은 시각에 발사할 수 있는 포탄이 더 위력적이고 수적으로도 우세하다. 그런데 유지비용은 전함이 항공모함보다 훨씬 적게 든다."

시대가 변하기 전이었고 당시만 해도 여전히 해전의 패러다임은 거함거포주의였다. 대구경의 함포를 장착한 전함들이 서로 마주 보고 포화를 교환하는 것, 그것이 해전이었다.

일본만이 예외였다. 그 예외도 비상상황에서 찾아낸 '기책 奇策'이었다. 당시 일본이 보유하고 있던 전함은 12척(건조 중인 전함 포함)이었는데 이를 가지고 진주만을 공격하는 건 무모해 보였다. 전함만으로 진주만을 공격하려면 진주만에 있는 미군 전함보다 최소한 같거나 더 많은 수를 보유해야 하는데, 앞에서도 언급했지만 일본 해군은 고작 12척의 전함밖에 가지고 있지 않았다.

이때 눈에 들어온 것이 영국 해군의 타란토 공습이었다. 이를 좀 더 확장하여 6척의 항공모함을 집중 동원한 뒤, 공중에서 어뢰를 투하해 전함을 폭침시킨다는 계획이었다. 조금씩 변해가는 패러다임의 움직임은 확인했지만 딱 한 번밖에 검증되지 않은 방법이었다. 하지만 일본은 실낱같은 희망에 모든 함대와 자국의 운명을 내걸었다. 즉, 일본 해군도 '모험'을 감행한 것이다.

미국이 진주만 공습 직후 일본의 항공모함 운용을 벤치마킹해 기동함대를 편성하여 태평양레이스에 뛰어든 것을 보고 항공모함의 중요성을 미국이 처음부터 알고 있었다고 주장하는 이들도 있다. 하지만 이때는 미 해군이 항공모함을 쓴 게 아니라 '항공모함밖에' 쓸 게 없었다. 그런데 그게 의외로 쓸 만하다는 걸 확인했고 이후 태평양레이스에서 100척 이상의 항공모함을 찍어내는 결과로 이어졌다.

만약 미국이 정말로 항공모함에 대한 가능성을 확인하여 미리 준비했다면 전쟁 전에 항공모함 함재기 개발을 완료했을 것이다. 진주만 공습 때까지 미 해군의 항공모함에 배치된 함재기는 'F2A버팔로'였다. 당시 이 버팔로를 수입했던 영국군은 이를 가지고 동남아시아에서 일본군과 싸웠는데 일본의 주력 전투기 제로센과 하야부사에게 완벽하게 밀리고 말았

F2A 버팔로

다. 영국군은 이를 만회하기 위해 버팔로의 방탄 설비와 무전기를 들어내고 기관총을 다운그레이드(무게를 가볍게 하여 기동성을 올리는 것)하는 등의 다이어트를 시도했다. 일본 전투기의 기동성에 대응하기 위한 눈물겨운 노력이었다고 해야 할까? 그러나 이런 노력은 '노력'에서 끝났을 뿐 실전에서는 별 소용이 없었다. 아무리 다이어트를 해도 성능의 한계를 극복할 수는 없었기 때문이다.

버팔로의 안타까운 활약상을 본 미 해군은 결국 버팔로를 버리기로 결정한다. 대신 'F4F 와일드캣'을 채용하고 이를 보급했는데, 진주만 공습 직전에 와일드캣이 보급된 곳은 엔터프라이즈 전투비행단이 고작이었다. 물론 이 와일드캣이 제로센이나 하야부사와 같은 일본 전투기를 확실히 압도할 만큼 성능이 뛰어난 건 아니었지만 그래도 버팔로보다는 나았다. 끈질기게 잘 버텼다고 해야 할까? 태평양전쟁 초기와 중기를 미 해군이 버틸 수 있었던 건 바로 이 와일드캣 덕분이지만 '압도적인 공중우세'를 보여준 전투기는 아니었기 때문에 저평가받기도 했다.

미 해군이 일본 전투기들을 압도할 수 있는 기종을 확보한 시기는 태평양전쟁의 승기가 미국으로 넘어온 시점이었다.

F4F 와일드캣

F6F 헬캣

F4U 콜세어

이때 등장한 'F6F 헬캣'과 'F4U 콜세어'는 질적인 면이나 양적인 면에서 일본군을 압살했다. "항공모함의 무기는 갑판이고, 그 갑판에서 날아오르는 전투기가 항공모함의 전투력이다"라는 말을 떠올리면 쉽게 이해할 수 있다. 그런 의미에서 당시 미 해군의 항공모함에 대한 기대는 그리 크지 않았음을 유추할 수 있다. 그럼에도 불구하고 음모론이 나온 건 '천운天運'과 같은 행운 덕분이었다.

진주만 공습 직전 항공모함들은 다 어디에 있었을까? 태평양 함대에 배속되어 있던 '새러토가'는 샌디에이고 해군기지에서 정비 중이었고, '렉싱턴'은 진주만을 떠나 미드웨이로 항공기를 수송 중이었다. 그리고 대망의 '엔터프라이즈'는 본래 오전 7시 30분 진주만에 입항했어야 했지만 파도가 거친 탓에 구축함의 보급이 늦어져 진주만에서 130킬로미터 떨어진 곳에 위치하고 있었다. 만약 보급이 정상대로 이루어졌다면 나구모의 공격에 엔터프라이즈 역시 격침당했을 확률이 높다.

둘째, 진주만에 정박한 미군 전함들은 모두 구식이었다

이는 당연했다. '워싱턴 해군 군축 조약'을 살펴보면 당시

미국 항공모함 엔터프라이즈

열강들은 전쟁을 막기 위해 건함 경쟁을 포기했다. 이 덕분에 1921년부터 10:10:6의 비율로 주력함의 톤수를 한정하고 1936년 일본이 협정에서 탈퇴하기 전까지 신규 전함의 건조를 중단했다. 일본이 협정을 탈퇴하고 야마토급 전함을 건조하기 시작했을 때 미 해군이 부랴부랴 노스캐롤로나이나급 전함을 건조했지만 이들이 실전에서 얼굴을 내밀 수 있었던 건 1942년 6월이 되어서였다. 미 해군이 보유했던 전함은 태평양에 12척, 대서양에 12척 총 24척이었지만 이들 가운데 신규 전함은 고작 2척뿐이었고 그나마도 대서양에 있었다. 대서양에 있었던 이유도 간단한데, 전함이 건조된 곳이 대서양과 접해 있는 버지니아의 뉴포트 조선소였기 때문이다.

셋째, 루즈벨트는 일본의 모든 정보를 알고 있었다

앞에서도 언급했지만 미국은 일본의 J시리즈 암호를 해독하고 있었다. 그러나 암호를 해독하는 것과 전쟁 정보를 알아내는 것은 달랐다. 말장난 같지만 당시 루즈벨트와 전쟁 지도부들은 수백 건이 넘는 엄청난 정보의 홍수 속에 빠져 허우적거리고 있었다. 국무성, 육군, 해군, 심지어 FBI 등에서 일본의 침공에 대한 정보가 흘러들어왔고 이들 중에는 가짜 정보도 섞여 있었다.

당시 워싱턴의 상황을 단적으로 보여주는 정보가 하나 있었다. 1941년 11월 27일 미 육군 참모총장 마셜Marshall이 루즈벨트에게 보고한 것으로 "일본군의 공격이 예상되는 지역은 버마, 태국, 말레이시아, 네덜란드령 인도차이나, 필리핀, 소련의 연해주이며 이들 가운데 어느 곳을 공격할지는 정확히 알 수 없다"는 내용이었다. 이처럼 육군 참모총장도 일본군의 공격지점을 특정할 수 없었다. 분명한 건 수많은 정보 중에 진주만 공습에 대한 정보도 섞여 있었지만 묻혀버렸다는 것이다. 그리고 진주만 공습 직후에는 그러한 정보들이 '선견지명'으로 포장돼 빛을 보았고 음모론의 단초로 활용됐다.

예나 지금이나 의사결정권자들에게는 수많은 정보가 전달된다. 이러한 정보들 중에는 신빙성이 있는 제대로 된 것들도 있지만 말 그대로 '첩보' 수준의 미확인 정보도 많다. 박정희의 5.16 쿠데타가 있기 몇 달 전에도 수많은 쿠데타 정보가 장면 정부에 전해졌지만 정보의 홍수 속에서 의사결정권자들은 이를 대수롭지 않게 넘겼다. 미국 역시 수많은 곳에서 각기 다른 정보가 올라왔지만 모든 정보를 신경 쓰고 반응할 수는 없었다. 여기에는 '설마' 하는 방심도 한몫했다.

결정적으로 '진주만'은 판돈이 너무 컸다. 미 해군 태평양 전선의 교두보로서 태평양 함대의 유류저장시설과 해군공창, 잠수함기지가 있었다. 당시 유류저장시설에는 태평양 함대 전체에 필요한 연료량의 두 달 치가 저장되어 있었고 이 정도면 태평양 함대 전체를 고사시킬 수 있는 분량이었다. 만약 이 연료가 일본의 폭격으로 고스란히 날아갔다면 남아 있던 함대가 어떻게 움직일 수 있었을까? 본토에서 수송함을 보낸다 해도 한계가 있었다.

진주만은 그 자체로 태평양의 전진보급기지였고 정비창이었다. 일본의 진주만 공습 직후 진주만의 유류저장시설이 멀쩡히 남아 있는 것을 보고 체스터 니미츠Chester William Nimitz 제독이 "유류저장시설은 목표로 삼기에 꽤 컸는데…"라며 쾌재를 불렀던 이유가 여기에 있다. 해군공창, 드라이 독이 폭격당하지 않고 멀쩡했던 것도 이후 미 해군이 태평양 전선에서 작전을 펼치는 데 큰 도움이 됐다. 산호해 해전에서 중파당한 '요크타운'을 단 3일만에 전선에 복귀시킬 수 있었던 까닭도 바로 이 드라이 독 덕분이다.

그렇다고 일본 해군을 탓할 수만도 없다. 그들의 우선 목표는 전함과 함정들이었다. 지도의 업데이트가 늦어진 탓에 애초에 유류저장시설은 목표로 표시되지 않았다. 드라이 독 같은 경우도 함재기의 일회성 폭격에 무너질 시설물이 아니었다. 이를 폭격해 사용 불능 상태로 만들려면 미군이 유럽 전선에서 했듯이 대형 폭격기를 동원해 융단폭격을 해야 했다.

어쨌든 이 모든 시설물이 있는 진주만을 미국이 참전 명분을 위해 일본군에게 고스란히 내놓는다는 것은 미친 짓이다.

진주만 공습 이후 이 시설물들은 별 무리 없이 복구할 수 있었지만 미군이 태평양 전선에서 주도권을 잡기까지는 2년이란 시간이 걸렸다. 미드웨이 해전과 같은 일본군의 '실수'가 있었음에도 말이다. 아무리 미국이라지만 본격적인 전시경제로 넘어간 것은 1943년부터였고 그때까지 미국은 태평양 전선에서 일본을 상대하는 것에 적지 않은 부담을 느껴야 했다.

오죽하면 진주만 공습 직후 니미츠가 항공모함을 동원해 대규모 작전을 벌이려고 했을 때 가장 힘들었던 점이 주변 참모들을 설득하는 일이라고 했을까? 그때까지도 미군이 태평양에서 동원할 수 있는 건 고작해야 항공모함 몇 척이 전부였다.

진주만 이후

일본은 파죽지세였다. 진주만 공습 직후 남방작전을 펼치며
착실하게 동남아시아의 미국과 영국의 식민지를 점령해나갔
다. 일본은 열광했다. 이대로 곧 '전쟁'이 끝날 것이라고 믿어
의심치 않았다. 이 부분은 잠시 생각해볼 필요가 있는데, 당시
일본 해군은 러일전쟁의 쓰시마 해전 이후로 '함대 결전 사상'
에 매몰돼 있었다. 단 한 번의 함대 결전으로 전쟁의 향방이
결정되기 때문에 '이 한 방에 모든 것을 걸겠다'는 의지가 일
본 해군의 생각이었다.

　이 생각이 얼마나 무서운 것인지는 당시 일본 해군의 전쟁
준비를 살펴보면 알 수 있다. 그들에게는 만약을 대비한 '예
비'라는 개념이 없었다. 증원이나 보충 없이 단 한 번의 불꽃
같은 전투에 모두 불사르겠다는 생각으로 전쟁을 준비했다.
이 덕분에 일본 해군의 인적, 물적 토대는 단 한 번의 결전에
모든 것이 맞춰져 있었다.

　그 결과는 참담했다. 진주만 공습 이후 남방작전을 준비하
려고 보니 각 군항의 탄약 창고는 모두 텅텅 비어 있었다. 보
병으로 치자면 정확히 1회 전투에 필요한 인원만, 탄약 역시

딱 필요한 분량만 맞췄기 때문이다. 일본 해군의 모든 전함과 군함은 사전에 정확히 필요한 분량만큼 탄약을 갖추고 전쟁터에 나갔다. 예비란 없었다. 일본의 전쟁 지도부는 물론 민간에서도 이러한 생각은 대동소이했다.

진주만 공습과 뒤이은 남방작전에 성공한 뒤 일본 외무성은 당연하다는 듯 '강화 조약'을 위한 준비 작업에 들어갔다. 외무성의 이런 움직임을 본 대본영과 육해군의 전쟁 지도부들은 이를 격렬히 반대하며 다음과 같이 말했다.

"이 정도 타격을 입혔으니 미국이 먼저 협상테이블에 나올 것이다. 협상은 그때 가서 천천히 응해주면 된다."

동상이몽이라고 해야 할까? 아니면 정말 생각이 없는 존재들이라고 해야 할까? 자신들이 지금 무슨 짓을 저질렀는지 전혀 이해하지 못하고 있었다. 재미난 것은 적을 줄여나가도 모자란 마당에 일본은 하염없이 적을 늘려갔다는 점이다. 세계 최고의 인구 대국인 중국과 맞붙은 전선에서 허우적거리면서도 세계 최강의 공업 생산력을 자랑하는 미국을 기습 공격했고, 뒤이어 영국과도 싸우고 호주와도 싸운 태세에 들어갔다.

'미쳤다'라고 밖에는 달리 설명할 말이 없다. 이런 상황에서 일본군의 고질적인 군벌 문제가 다시 등장했다. 해군의 성공을 보면서 육군은 해군에 딴지를 걸었고, 해군은 그런 육군에 '자신들의 전략'을 강요했다.

다툼의 핵심은 '호주 점령'이었다. 해군은 호주를 점령하면 미국이 겁을 먹고 협상테이블에 나올 것이라고 주장했지만 정작 호주를 점령해야 할 육군은 자신들이 남방작전으로 점령한 지역만으로도 미국은 충분히 협상테이블에 나올 것이니 지금은 남방작전으로 확보한 동남아시아의 기반을 다지면서 좀 더 지켜보자는 의견을 냈다. 육군이 조금 더 상식적으로 보이는데 여기에는 하나의 꼼수가 숨어 있었다.

진주만 공습과 뒤이은 싱가포르 전투에서 일본 해군의 혁혁한 전과(영국 동양함대의 주력 함대가 일본 해군 육상항공대에 무참히 박살났다)는 육군을 조바심 나게 만들었다. 야마모토 이소로쿠는 군신軍神의 반열에 올랐고 해군의 쾌속 진격은 중국 전선에서 발목이 잡혀 있는 육군과 대조됐다. 이러한 과정을 지켜봐 온 육군은 태평양 전선의 확대를 반대하기에 이른다. 태평양 전선을 현상 유지하고 그 사이 중국 전선에서 승리한다면 스포트라이트는 다시 육군에게 비춰질 것이라고 믿었기 때문이다. 한술 더 떠 야마모토는 육군과 함께 호주를 점령하고 하와이도 점령하면 미국이 협상테이블에 나올 것이고 태평양전쟁은 조기에 끝난다고 주장했다.

누가 더 미쳤는지는 모르겠지만 이때까지 일본은 행복했다.

그리고 자폭
—

진주만 공습 이후 국제정세는 요동쳤다. 독-이-일의 추축국이 제2차 세계 대전에서 패배한 결정적 이유는 일본의 진주만 공습이라고 해도 과언이 아니다. 만약 미국이 제2차 세계 대전에 참전하지 않았다면 전쟁의 향방은 어떻게 됐을지 가늠하기 어렵다. 물론 미국이 참전하지 않았더라도 추축국이 승리할 확률은 연합국이 승리할 확률보다 낮았다. 그럼에도 불구하고 미국만 참전하지 않았다면 추축국 입장에서는 한번 해볼 만한 전쟁이었다(미국의 전시 무기 대여법의 존재를 인정한다고 해도 말이다).

문제는 일본의 진주만 공습이 있고 나흘 뒤 독일과 이탈리아가 미국에 선전포고를 했다는 점이다. 당시 히틀러는 "이

1941년 12월 11일 독일을 향한
선전포고문에 서명하는 루즈벨트

제 우리가 질 일은 없다. 우리에게 3000년 동안 한 번도 전쟁
에서 패한 적 없는 동맹국이 생겼다"라고 말하며 주변의 만류
에도 불구하고 미국에 선전포고를 했다. 독일의 외무장관 리
벤도르프Ribbentrop역시 만류했다. 리벤도르프의 논리는 일본이
직접 공격을 당할 때만 독일이 일본을 도울 의무가 있다고 강
조했다. 이 부분을 눈여겨봐야 하는 이유는 이때 만약 독일이
미국에 선전포고를 하지 않았다면 미국이 유럽 전선에 병력
을 보낼 명분이 약해질 수밖에 없었다. 상식적으로 일본이 미

국을 때렸는데 일본과 동맹국이라는 이유로 가만히 있는 독일을 공격한다면? 제2차 세계 대전 당시 미국의 주 전선은 태평양이 아니라 대서양이었다는 것을 생각해본다면 그러한 행동이 얼마나 멍청한 짓인지 알 수 있다.

만약 독일과 이탈리아가 삼국동맹 조약을 이유로 일본의 진주만 공습과 이후 미국과 싸우는 것에 소극적으로 반응하거나 아예 삼국동맹을 파기했다면, 미국이 유럽 전선에 그렇게 깊숙이 개입하기는 어려웠다. 물론 경제 원조나 무기 대여법에 의한 비군사적 원조는 있었겠지만 미국의 대규모 참전은 막았을지도 모른다.

백번 양보해 독일이 선전포고를 하지 않았음에도 미국이 삼국동맹을 빌미로 참전을 감행했을 수도 있지만 여기에는 맹점이 하나 있다. 미국은 민주주의 국가였다. 내부 구성원들의 동의가 있어야 했고 그들을 설득할 명분과 논리가 절실히 필요했다.

히틀러는 이러한 사실을 너무도 가볍게 무시했다. 이유는 간단한데 바로 '욕심' 때문이다. 일본이 소련 등에 대신 칼을 꽂아줄지도 모른다는 헛된 기대로 가득했다. 동부 전선에서 쾌속 진격하던 히틀러는 러시아의 동장군과 진흙장군의 위력을 실감하고 있던 때였다.

러시아에는 두 수호신이 있다. 하나는 동장군이고, 나머지 하나는 라스푸티차rasputitsa이다. 매서운 추위를 일컫는 동장군은 흔히 잘 알지만 진흙장군이라고 불리는 라스푸티차는 조금 생소할 것이다. 라스푸티차는 "봄 해빙기와 겨울이 되기 전 비나 눈이 내릴 때 모든 길이 진흙으로 뒤덮이는 현상"을 말한다. 곳곳의 진흙구덩이들로 사람이나 차량 이동이 불가능해지면서 군대의 발이 묶여버린다. 나폴레옹도 당했던 러시아의 동장군과 진흙장군을 히틀러 역시 만난 것이다.

그런데도 히틀러는 모스크바 100킬로미터 앞까지 군대를 진격시켰다. 그러나 딱 거기까지였다. 이런 상황에서 일본이 소련 뒤에서 칼을 뽑아든다면 어떨까? 히틀러의 이런 기대는 '망상'이었다. 일본은 노몬한Nomonghan 전투를 잊지 않았다. 결국 추축국은 각자도생各自圖生의 길을 걷게 된다.

웃음 짓던 영국

—

"이제 우리 연합군이 이겼다."

일본의 진주만 공습 소식을 전해 들은 윈스턴 처칠Winston Churchill의 코멘트였다. 미국이 참전하면 전쟁은 곧 연합군의 승리로 끝난다고 믿어 의심치 않았다. 처칠의 생각은 사실이었다. 툭 까놓고 말해 제1차 세계 대전과 제2차 세계 대전에서 영국이 승리할 수 있었던 이유는 단 한 가지 '미국의 참전'이었다.

영국은 사활을 걸고 미국의 참전을 유도하기 위해 모든 방법을 동원했다. 사람들은 독일 제3제국의 괴벨스Paul Josph Goebbels를 언급하며 선전선동의 위력을 말한다. 또한 오늘날 광고 산업이 발달할 수 있었던 이유도 괴벨스로부터 찾는다. 하지만 이건 순진한 착각이다. 선전선동을 전쟁에 적극적으로 활용했던 건 제1차 세계 대전에서 영국과 미국이었다. 그리고 이 선전선동으로 그들은 전쟁에서 이겼다.

제1차 세계 대전 중 영국은 처음으로 정부 정책을 선전하는 거대한 조직을 만들었다. 바로 영국 정보성이다. 그리고 참전하고 싶어 했던 미국의 윌슨Thomas Woodrow Wilson 대통령도 그에 상응할 만한 조직을 만들었다. 일반에게는 크릴위원회Creel Commission로 알려진 대중정보위원회Committee on Public Information가 그것이다. 하지만 윌슨 대통령의 생각과 달리 미국의 대중들은 전쟁에 참여하고 싶은 생각이 전혀 없었다.

당시 영국은 미국만 참전하면 전쟁에서 이길 수 있다고 믿었기 때문에 영국 정보성 사람들은 모든 역량을 동원해 미국을 전쟁에 끌어들이기로 결심했다. 그들은 미국의 '국가 엘리트'들을 목표로 삼았다. 윌슨의 크릴위원회 목표 또한 같았다.

"의사결정권자인 엘리트들을 선동해 전쟁에 참여한다."

아주 단순하면서도 확실한 목표였다. 이 선전선동은 성공했고 미국의 제1차 세계 대전의 참전은 "인류 역사상 처음으로 전쟁이 군사적 이익이나 경제적 이익 때문이 아닌 '국가 엘리트'들의 결정에 의해 시작됐다"라는 자체 평가를 이끌어냈다.

이 말은 사실이었다. 1차 대전이 끝나고 미국 국민은 1차 대전의 참전으로 미국은 손해만 봤다고 믿었다. "영국과 프랑스가 미국을 이용해 자신들의 이익을 챙긴 전쟁이 제1차 세계 대전이다. 다시는 이런 멍청한 짓을 해서는 안 된다"라며 자성의 목소리를 높였다.

대공황으로 촉발된 파시즘이 온 유럽을 불태우던 1930년대 미국은 불안했다. 사람들은 "제1차 세계 대전과 같은 전 세계

적인 전쟁이 또 터질지 모르니 이에 대비해야 한다"고 말했다. 또 다시 원치 않는 전쟁에 끌려 들어가는 게 두려웠던 미국은 처음부터 전쟁에 참여할 구실을 없애고 싶었다. 애초부터 전쟁의 빌미를 없애겠다는 강력한 의지를 보인 셈이다.

1935년 8월 미국은 교전국에 대한 무기 판매는 물론 미국인들의 교전지역 여행 제한을 명시하는 법률을 만들었다. 이것이 바로 '중립법Neutrality Act'이다. 이 법률은 해마다 강화되었는데, 유럽에서 전쟁이 나든 말든 앞으로 미국이 전쟁에 참여하는 일은 없다는 뜻을 분명히 했다. 하지만 국제정세는 하루가 다르게 악화됐고 루즈벨트는 이런 상황을 지켜볼 수만은 없었다. 이대로 고립주의를 유지했다가는 유럽의 불길이 대서양을 넘어올 수 있다고 판단했다. 그러나 미국인들은 요지부동이었다. 루즈벨트는 전쟁이 시작된 1939년 이 중립법의 개정을 위해 온 힘을 기울였지만 미 의회의 뜻은 완고했다.

"제1차 세계 대전을 통해 미국이 얻은 이익은 무엇인가? 또 다시 전쟁터에 우리 젊은이들을 밀어 넣으려고 하는가?"

미국인들이 고립주의는 루즈벨트가 생각한 것 이상으로 단단했다. 이런 상황에서 일본은 진주만을 공습했고 독일은 아무 생각 없이 덩달아 미국에 선전포고를 했다.

영국은 구원받았다. 아니, 승리할 수 있게 됐다.

10

전통이란 이름의 살인,
무사도

태평양전쟁 당시 일본군의 모든 걸 설명해줄 수 있는 문건이 하나 있다. 바로 '전진훈戰陣訓'이다. 전세가 기울어지던 1944년부터 시작된 가미카제神風 자살공격과 포로가 되는 치욕 대신 자살을 선택한 수많은 일본 병사의 모습은 미국인으로서는 상식 밖이었다. 부대 전력의 50퍼센트가 소모되면 더이상 무의미한 전투보다는 후퇴나 항복을 고민하는 것이 상식적인 지휘관의 자세다. 그러나 일본군은 유리한 상황에서 만세돌격을 했고, 불리한 상황에서 옥쇄玉碎를 선택했다.

　일본의 기상천외한 자살특공병기들은 붕어빵 찍어내듯 등장했고 종류도 다양했다. 자살공격용 유인어뢰 카이텐回天, 자살인간기뢰 후쿠류伏龍, 자살특공보트 신요震洋, 인류 최초이자 아직까지는 최후인 자살특공기의 결정체 유인유도식 대함 미

자살공격용 유인어뢰 카이텐

자살특공보트 신요

유인유도식 대함 미사일 오카

사일 오카櫻花까지 수많은 특공병기가 전선에 등장했다. 일본 본토에 다가갈수록 그들의 활약과 전투는 더 격렬해졌고 그에 비례해 미군 사상자도 기하급수적으로 늘어났다. 트루먼 Harry S. Truman 대통령이 취임한 후 3개월 동안 발생한 미군의 희생자가 태평양전쟁 3년 동안 발생한 희생자 수의 절반에 육박한다는 통계가 이를 증명했다. 미군은 두려움과 동시에 의문이 들었다.

'저들은 왜 저렇게까지 싸우는 걸까?'

이유는 일본의 전진훈이라는 '전투 규범' 때문이었다. 도조 히데키가 메이지 덴노의 군인칙유軍人勅諭를 구체적으로 실천한다는 명분으로 만든 이 희대의 '괴문서'는 태평양전쟁을 단적으로 규정한 문건이었다. 1941년 1월 8일 등장한 전진훈은 태생부터 일본군의 한계를 드러냈다. 표면적인 명분은 일본 장병들이 전장에서 지켜야 할 행동과 전투 규범을 정리했다고 하지만 그 시기에 주목해야 한다. 1941년 1월 일본은 중일전쟁이 장기화되면서 국민을 통제하고, 국가총동원 태세를 준비하던 시기이자 태평양 전선의 전운이 고조되던 때였다. 이

전진훈

런 상황에서 동요하는 군심을 다잡고 군기를 세울 필요가 있었다. 아울러 일본군이 미군보다 우월하다고 내세울 수 있는 단 하나의 특기(일본의 생각일 뿐이지만)인 '정신력'을 갈고 닦아야 했다. 이때 등장한 이가 근대 일본의 국가 이념을 완성했다는 평가를 받는 이노우에 데쓰지로井上哲次郎이다.

무사도가 전진훈이 되기까지
—

우리가 생각하는 일본은 '무사도武士道의 나라'다. 벚꽃 같은 죽음을 생각하며 여차하면 배를 가르는 '순사殉死 찬양'의 문화를 먼저 떠올리지만 오산이다. 에도 시대의 통치 이념은 조선에서 건너간 주자학이었다. 임진왜란 당시 포로로 일본에 끌려갔던 강희맹姜希孟의 5대손인 수은 강항睡隱 姜沆이 몇 년간 체류하면서 일본 주자학의 문을 열었다(강항이 일본 주자학의 시조라는 사실은 일본도 인정하는 부분이다).

에도 막부 시절 그들은 주자학을 근간으로 한 유교 사상을 바탕으로 나라를 다스렸다. 우리나라의 《춘향전》처럼 일본의 국민 시대극이라고 할 수 있는 《추신구라忠臣藏》를 살펴보면 극중 인물들은 와신상담하다가 결전의 순간 모든 것을 버리고 주군의 원수를 갚는다. 그리고 47명 모두 할복을 결심하는데, 이들은 사무라이라면 당연히 알고 있어야 할 '할복' 방법을 몰랐다. 어떻게 배를 가르고 가이샤쿠介錯(배를 가르면 고통을 덜어주기 위해 목을 쳐주는 사람)가 언제 목을 쳐주는지 아는 사람이 없었다. 결국 막부에서 파견 온 막신들이 할복 방법을 일일이 가르쳐준 다음에야 배를 가를 수 있었다. 분명한 사실은 당시 일본의 통치 이념은 성리학이었고, 오늘날 대중매체에서 그려내는 사무라이 문화는 없었다는 점이다.

또한 그 시절 일본은 농업을 근간으로 한 관료제 국가였다.

중앙집권 국가였던 조선과 딱 하나 다른 점이라면 일본이 막번幕藩을 근간으로 한 지방분권 국가였다는 사실이다. 그러던 일본이 쿠로후네가 들어오면서 개항을 하고, 메이지 유신을 맞이하게 되면서부터 무사도는 '전근대의 버려야 할 유산'이 됐다. 겨우 흔적이나마 남아 있던 무사도가 과거의 유물로 전락한 것도 모자라 청산해야 할 과거로 치부됐다. 그러나 이 청산해야 할 과거는 청일전쟁을 기점으로 다시 부활했다.

청일전쟁으로 동북아 패권 국가로 등장한 일본은 국가의 정체성을 규정할 '국가 이념'이 필요했다. 동경대 철학과 교수였던 이노우에 데쓰지로는 가족 국가로서 천황제를 도입했고 국

이노우에 데쓰지로

가 이념을 설계했는데 이때 들고 나온 것이 바로 '무사도'였다.

1890년대부터 일본은 해마다 한 권 이상 무사도 관련 책자를 출간했고, 군국주의가 사회 전반에 퍼지게 되었다. 러시아와 일전을 준비하고 전쟁에 나서게 된 1901~1905년 사이에는 47권이나 되는 무사도 관련 서적이 쏟아져나왔다. 이 와중에 이노우에는 《일본의 영혼, 무사도》라는 책을 집필하여 많은 애독자를 거느리게 된다. 이 책에서 그는 무사도를 서양의 기사도와 비슷한 개념으로 설명했고, 청일전쟁 승리 역시 무사도 정신 덕분이라고 포장했다(이노우에는 원어민 수준의 영어를 구사할 수 있었기에 이 책은 무리 없이 영어로 출판되었고, 루즈벨트 대통령을 비롯한 수많은 영미권 사람의 애독서가 되었다. 우리가 잘 아는 루스 베네딕트Ruth Benedict의 《국화와 칼The Chrysanthemum and the Sword》에서도 이 책에 대해 언급하는 부분이 나온다).

여기서 우리가 염두에 두어야 할 점은 흔히 알고 있는 '전통'이 국가나 특정한 목적을 가진 정치집단이 필요에 의해 후대에 만든 것이 대부분이라는 사실이다. 에릭 홉스봄Eric Hobsbawm의 명저 《만들어진 전통The invention of Tradition》을 보면 이러한 사실이 잘 나와 있다. 가령, 우리가 잘 알고 있는 스코틀랜드의 킬트Kilt가 18~19세기에 만들어졌고 영국 왕실의 고색창연한

마차 행렬도 당사자들은 '1000년의 전통'이라고 자랑하지만 정작 왕실 행사의 대부분은 19세기 후반에 만들어졌다는 사실을 설명한다.

무사도 역시 마찬가지다. 근대로 넘어오는 국민 국가 형성기의 국가들은 전통을 '창조'해내는 것이 하나의 통과의례였다. 이들은 경제적, 사회적, 정치적 차이들을 극복해낼 하나의 '상상된 공동체'를 만들고 이를 국민 개개인의 머릿속에 주입해 하나의 민족, 하나의 국가를 만들어야 했다. 그렇게 해야지만 국민을 통제하기 쉽고 자신들의 '이익'을 추구할 수 있기 때문이다. 아무것도 모르는 일본 국민은 이 조작된 민족, 만들어진 전통에 속아 기꺼이 사지死地로 뛰어들었다.

독재자들이 역사 교육에 집착하는 이유도 바로 여기에 있다 (광화문에 이순신 동상이 생기고, 이순신 장군에 대한 신격화 작업이 시작된 것이 박정희 정권 시절이란 점을 염두에 두기 바란다. 민족의 영웅 이순신 장군을 폄하할 의도는 없다. 다만 그 이미지를 후대의 누군가가 어떤 '정치적 목적'을 위해 활용하고, 조작된 이미지에 현혹되어 현실을 외면하는 것은 다른 문제다). 일본도 이런 '상상된 공동체'가 필요했기에 전근대의 버려야 할 유산을 재활용하기로 했다. 무사도는 그렇게 태어났다.

이 무사도의 제국주의 버전이 바로 전진훈이다. 도조 히데키와 군부가 초안을 잡은 전진훈은 곧바로 이노우에 데쓰지로와 야마다 오시오, 근대 일본을 대표하는 시인이자 소설가인 시마자키 도손島崎藤村의 손을 거치게 된다(시마자키의 소설은 국내에도 번역되어 출간됐는데 근대 일본 문학을 만든 위대한 문호지만 그의 과거를 생각하면 착잡하다. 《파계破戒》에서 보여준 인간관계의 냉엄함, 《신생新生》에서 보여준 철저한 에고이스트의 면모는 한 명의 독자로서 과거의 관계를 회상하게 만드는 묵직함이 있다). 당대 문호인 시마자키의 첨삭 덕분인지 전진훈은 현란한 수사법과 유려한 문체, 전체주의적 도그마의 완성판 격인 이념의 일관성과 명징함을 확보했다. 일단 그 주요 부분을 발췌해 확인해보면 다음과 같다.

제1장

제1조(황국)

대일본은 황국이다. 만세일계의 천황이 위에 계시며 조국의 황모를 이어받아 무궁하도록 군림하신다. 황은이 만민에게 미치고 성덕이 팔굉에 빛난다. 신민 또한 충효용무忠孝勇武한 조손이 서로 받들어 황국의 도의를 선양하고 천업을 익찬하며, 군민일체로써 국운의 융창을 다한다. 전진의 장병은

시마자키 도손

마땅히 우리 국채의 본의를 체득하여 굳은 신념으로 맹세코 황국 수호의 중대한 임무를 완수해야 할 것이다.

제7조(필승의 신념)

믿음은 힘이다. 스스로 믿고 의연히 싸우는 자는 항상 승자다. 필승의 신념은 천마필사의 훈련으로 생긴다. 모름지기 촌각을 아끼고 고심 전력하여 반드시 적을 이기는 실력을 함양해야 한다. 승패는 황국의 성쇠와 관련된다. 빛나는 군의 역사에 비추어 백전백승의 전통에 대한 자신의 책무를 명심하여 승리하지 않으면 결코 그만두지 말아야 할 것이다.

제2장

제6조(책임)

임무는 신성하고 책임은 지극히 귀중하다. 일업일무를 소홀하지 말고 심혼을 경주하며, 일체의 수단을 다하여 임무달성에 유감이 없도록 하라. 책임을 중시하는 자는 진정으로 전장의 최대 용자다.

제7조(생사관)

생사를 관통하는 것은 숭고한 헌신봉공의 정신이다. 생사를 초월하여 일의一意 임무와 완성에 매진해야 한다. 심신일체의 힘을 다하고, 태연하게 유구한 대의를 위해 살아가는 것을 즐거움으로 느껴야 한다.

제8조(명예를 아낄 것)

수치를 아는 자는 강하다. 항상 향당가문鄕黨家門의 면목을 생각하고, 유유분려悠悠奮勵하여 그 기대에 부응해야 한다. 살아서 포로의 치욕을 당하지 말 것이며, 죽어서 죄화의 오명을 남기지 말라.

2장의 6, 7, 8조를 보면 태평양전쟁 당시 일본군의 광신적인 만세돌격과 옥쇄의 이유를 확인할 수 있다. 책임을 강조하며 "임무 달성에 유감이 없도록 하라" 하고, 죽음을 말하면서 "태연하게 유구한 대의를 위해 살아가는 것을 즐거움으로 느껴야 한다"고 말한다. 또한 명예를 말하며 "항상 향당가문의 면목을 생각하라"고 압박한다. 개인은 없다. 오로지 전체주의 국가인 일본의 부속으로 살아가는 '인적자원'만 존재한다. 특히 '유구한 대의를 위해 살아가는 것의 즐거움'을 태연하게 말하는 모습에서는 모골이 송연해진다. 일본은 이런 식으로 병사들을 교육했고 이를 확대해 일본 사회 전체로 퍼뜨렸다.

문득 폴 발레리Paul Valery의 잠언 한 구절이 떠오른다.

"용기를 내어 생각하는 대로 살지 않으면 머지않아 사는 대로 생각하게 된다."

일본 국민은 사는 대로 생각하게 됐고, 그 결과는 파국이었다. 불과 20여 년 전 다이쇼 데모크라시大正, デモクラシー의 훈풍을 이끌어냈던 일본 국민은 국가의 부속품이 되어 전장의 총알받이로 나서게 되었다.

아나미 고레치카

안타까운 사실은 일본인의 고통이 전진훈에서 끝난 것이 아니라는 점이다. 1945년 4월 일본의 패망이 눈앞으로 다가온 그때, 일본 육군대신 아나미 고레치카阿南 惟幾는 5개 조항으로 만든 결전훈決戰訓을 들고 나와 전군에 공포했다. 그 내용은 한마디로 '자살돌격'을 강조하는 것이었다.

결전훈

1. 황군장병은 성유聖諭 준수에 매진해야 한다.

2. 황군장병은 황토를 사수해야 한다.

3. 황군장병은 믿고 기다릴 줄 알아야 한다.

4. 황군장병은 육탄 정신에 철저해야 한다.

5. 황군장병은 일 억 전우의 선구가 되어야 한다.

어떠한 전략적 방침이나 전술적 지침도 없다. 그저 형이상 학적 수사의 남발과 육탄 정신을 강조할 뿐이다. 결국은 나가 서 싸워 죽으라는 소리다.

닭이 먼저인가, 알이 먼저인가?

—

일본군의 전진훈, 결전훈을 보면 알겠지만 이들은 정신력을 강조한다. 왜 그럴까? 여러 가지 이유가 있겠지만 두 가지 정 도로 정리할 수 있다.

첫째, 과거의 성과를 비판 없이 답습하는 것

둘째, 공업 생산력의 한계

이 두 가지를 간단히 하나로 합칠 수 있다.

"일본이 (상대적으로) 가난하기 때문이다."

일본이 아무리 신흥 강국이라 해도 근본적으로는 후발 주자고, 공업 생산력도 당시 세계 열강에 비하면 뒤떨어질 수밖에 없었다. 이렇다 보니 자원은 한정적이고 이를 효율적으로 활용해야 한다는 부담을 안고 전쟁에 임하게 된다. 그들에게 물자는 귀하고 사람은 그보다 중하지 않았다. 아니, 그 이전에 일본의 군대를 양성하는 스타일과 전쟁 전략 자체가 남달랐다고 보는 게 맞다.

일본은 가난하기에 소수 정예의 강군을 지향했다. 아울러 전쟁도 단기 결전을 선호했다. 오늘날 이스라엘을 보는 느낌이랄까? 다만 차이가 있다면 이스라엘은 소수 병력을 최대한 보존하기 위해 병사들 방호에 애쓰지만 구 일본군은 그런 게 없었다(막상 이스라엘과 비교해보니 엄청나게 다르다. 단기 결전을 선호한다는 것 빼고는 닮은 게 없다).

하지만 전쟁이 길어지고 국민을 총동원하는 총력전으로 전쟁이 변모하면서 이야기는 묘하게 뒤틀리고 만다. 일본의 두 군대인 해군과 육군은 각자 병사 양성의 목표가 달랐다. 그러나 따지고 보면 그러한 목표를 추구한 이유는 똑같다. 일본이 가난하기 때문이다.

우선 해군을 보자면 이들은 '장인匠人'이나 '명인名人'을 만드는 데 목숨을 걸었다. 일본 해군이 진주만 공습을 대비해 1941년 10월부터 가고시마에서(하와이와 지형이 비슷하다는 이유로) 어뢰와 폭탄 투하 훈련했던 것을 생각하면 이해가 빠르다. 일본 해군은 포술의 장인, 어뢰 투하의 명인, 사격의 달인을 양성하는 데 모든 것을 걸었다. 시스템 차원에서 명중률을 높이는 기술의 발달을 추구하거나 명중률을 높이지 못한다면 압도적인 물량으로 목표를 제압하는 방식이 아니라 개개인의 능력을 한계치까지 끌어올려 일발필중一發必中의 능력을 배양하는 것에 초점을 맞췄다.

인간을 부속으로 생각한 결과다. '생활의 달인'을 키워낸다고 해야 할까? 만약 어뢰 투하의 명인이나 포술의 장인이 태어나 나이 먹을 때까지 자연스럽게 일상생활에서 그 일만 한다면 수긍하고 넘어갈 수 있겠지만 이들의 활동 무대는 전쟁터다. 전쟁은 아무리 적은 수라도 병사의 소모가 발생한다. 달인이나 명인을 키워내는 시간은 오래 걸리지만 죽음은 한순간이다. 그 다음 순서는 뭘까? 바로 초기의 압도적인 성공을 계속 이어나갈 인적자원의 고갈이다.

진주만 공습 당시 예술과도 같은 어뢰 투하와 폭탄 공격, 곧이어 남방작전에서 보여준 전투기 조종사들의 기량은 시간이 지날수록 쇠퇴할 수밖에 없었다. 아무리 베테랑이라도 전쟁터에서는 내일을 장담하기 힘들다. 베테랑의 빈자리를 신병들이 채우면서 일본 해군의 신화는 급격하게 무너지고 말았다.

해군이 달인을 키우기 위한 교육에 열을 올릴 때 육군은 백병전 훈련에 모든 것을 걸었다. 러일전쟁을 설명하면서도 말했지만 203고지 전투 때 일본군은 기관총과 철조망, 중포와 벙커로 둘러쳐진 203고지로 무모한 총검돌격을 반복했다. 이 생각 없는 총검돌격은 청일전쟁이 원인이었다. 당시 '당나라 군대'로 불렸던 청나라 군대와 벌인 전투에서 효과를 봤다는 이유로 비판 없이 행해졌기 때문이다. 보통 이런 경우 전쟁을 교훈 삼아 무모한 백병전이나 만세돌격을 지양하는 쪽으로 교리를 손봐야 하지만 일본의 군 지도부는 이를 무시했다. 여러 가지 이유가 있겠지만 그 이유를 유추해본다면, 어쨌든 전쟁에서 승리했고 일본은 여전히 가난했기 때문이다. 잘 구성된 화력 거점을 공격하기 위해서는 압도적인 화력으로 이를 박살내야 하는데 그런 식으로 공격하기에는 일본의 공업 생산력이 여의치 않았다.

당시 이런 일본 육군의 상황을 잘 보여준 무기가 바로 11년식 경기관총이다. 우리가 생각하는 제2차 세계 대전의 경기관총 하면 미국의 BAR Browning Automatic Rifle이나 영국의 브렌Bren을 떠올릴 것이다. 이 기관총들을 살펴보면 기본적으로 상자형 탄창을 달고 있는데, 신나게 연사한 다음 탄창을 바꿔 끼면 또다시 반복적인 연사가 가능했다.

그렇다면 일본의 무기는 어땠을까? 11년식 경기관총은 특이하게도 상자형 탄창이 아니라 소총탄 클립 6개를 포개 넣는 방식이었다. 5발짜리 스트리퍼 클립을 상자에 차곡차곡 넣은 뒤 덮개를 닫고 장전하여 썼다. 소총탄을 그대로 활용하고, 탄창이나 탄띠가 필요하지 않을 만큼 부피가 작아 휴대가 용이했다. 그러나 이 기관총은 잔고장이 많기로 유명했다. 소총탄을 그대로 활용한다고 하지만 얇은 탄피에 비해 기관총의 가스압이 너무 높아 연발 사격을 할 때면 탄피가 찢어졌다. 이런 결함 때문에 결국 일본군은 장약량을 줄인 전용탄을 개발해야 했다. 애초 보급의 편의를 내세웠던 총인데 장점이 사라져 버렸다.

놀라운 사실은 이 총의 처음 설계는 탄창을 사용하는 평범한 경기관총이었다는 것이다. 그러나 일본 군부가 탄창은 너

11년식 경기관총

무 비싸다며 저렴한 쪽으로 개발하라고 당시 총기 설계자인 난부 키치로를 압박했고 그 결과 송탄 구조의 경기관총이 탄생했다. 재미난 사실은 11년식 경기관총의 후계 기종이라고 할 수 있는 96식 경기관총은 평범하게 탄창을 사용했다는 점이다.

이처럼 일본군은 비용에 민감했고, 그 민감한 정도에 비례해 인명 경시 풍토가 만연했다. 자동소총이나 경기관총과 같이 탄환 소모가 많은 무기에 특히 예민하게 반응하며 병사들 손에 수류탄과 대검을 대신 쥐어주었다.

"총탄이 없어지면 총검으로 돌격하라. 총검이 부러지면 맨주먹으로 대결하라. 주먹이 깨지면 이로 적을 물어라. 한 명이라도 더 처치하라. 한 명의 적병이라도 더 처치하여 미국을 격쇄하자. 몸이 부서지고 심장이 멎으면 혼백이 되어 적진에 돌격하라."

태평양전쟁을 설명할 때 자주 언급되는 야마사키 야스요山崎保代 대령이 남긴 훈시다. 그 유명한 알류산 열도의 아투섬 혈전 직전에 2370명의 병사들에게 했던 말이다.

아투섬은 미국 알래스카와 일본 홋카이도 사이에 있는 알류산 열도 서쪽 끝에 있던 섬이다. 1942년 일본군은 이 섬을 점령했는데, 1943년 5월 12일 미군이 이 섬에 대한 탈환작전에 들어갔다. 일본군은 보병 2개 대대, 공병 1개 대대, 선박공병 1개 소대, 산악포 6문, 고사포 17문, 기관포 10문이 고작이었다. 그 머리 위로 미군의 폭격기와 전폭기 폭격이 이어졌다. 누가 봐도 명백히 지는 전투였고 인도적 관점에서 봐도 일본은 항복이 당연했다.

그러나 야마사키 대령은 18일 동안 결사적으로 항전했다. 전투가 끝나기 하루 전인 5월 29일 방어선에 남은 부상자들에게 청산가리 탄 물을 마시게 하고, 잔존 병력 140명을 추슬러 연합군 진지에 대한 최후의 돌격을 감행했다. 태평양 전선 최초의 옥쇄玉碎가 행해지고, 이후 일본제국군의 집단 자살레이스의 서막을 울린 전투였다. 이 상황을 그린 것이 동경 미술학교 출신의 종군화가 후지다 츠구하루藤田 嗣治의 〈아투섬의 옥쇄〉다. 비장미? 무사도? 기왓장처럼 너절하게 부서지느니 구슬이 깨지듯 산산이 흩어지는 것이 고결한 죽음이고 죽음의 미학일까?

우리가 주목할 점은 아무리 강한 정신교육을 받는다 하더라도 인간이기에 가질 수밖에 없는 공포와 두려움을 어떻게 이겨냈느냐 하는 문제다. 일본은 옥쇄와 특공에 대해 말하고, 물리적인 화력의 격차를 정신력 강화로 극복할 수 있다고 선언했다. 그러나 그러한 정신력이 '말'만으로 이어지고 강화될 수 있었을까? 결국 동원된 것은 야만적이고 무자비한 폭력이었다. 일본은 군사들의 정신력 강화를 위해 군대 안에서의 엄청난 폭력을 모두 허용했다.

"… 이어서 선임들이 온 힘을 다해 신병의 둔부를 '군인 정신 주입봉'으로 구타하는 음참한 소리가 밤하늘에 울려 퍼진다. 다음 날 목욕을 하려고 보면 각 부대원의 둔부가 보라색으로 부어올라 있었다. 꽁무니뼈가 부서져 사망한 동료도 있었다."

태평양전쟁 당시 구레吳軍(제2차 세계 대전 때 동아시아 최대의 군항)의 방공 지휘소에서 근무하던 미야우치 간야의 증언이다(전쟁이 끝난 뒤 《아사히신문》을 통해 알려졌다).

정신력을 강조하기 위해, 그 정신력으로 승산 없는 전쟁을 끌고 가기 위해 일본군은 육해군을 가리지 않고 폭력을 행사했다. 가난하기 때문에 정신력을 내세우고, 그 정신력을 가다듬기 위해 폭력을 행사하는 악순환은 전쟁이 끝날 때까지 이어졌다. 이 폐습은 일본 해상자위대(유독 심한 이유는 육상과 항공자위대가 부대 해체 후 창설된 반면, 해상자위대는 구 일본 해군을 그대로 이어받아 창설된 것이 원인 가운데 하나다)와 한국군에 고스란히 이어져 정신교육과 군대의 악습으로 자리 잡았다.

11

맥아더의 오만과
필리핀 전장

태평양전쟁 때 치러진 수많은 전투와 그 전투의 무대가 된 전장 가운데 일본의 상황을 단적으로 보여준 전장은 어디일까?

개인적인 생각이지만 필리핀만한 전장은 없었다고 본다. 일본의 흥망성쇠는 물론 태평양전쟁 당시 일본의 기본적인 전략, 군정軍政의 실패, 대동아공영권의 허상, 일반인들에게는 덜 알려진 일본군의 학살과 온갖 만행들, 미국의 '사형 선고'까지 총망라하여 마치 종합선물세트처럼 보여준 곳이 바로 필리핀이기 때문이다.

태평양전쟁의 축소판이라고 해야 할까? 필리핀 전역을 이해하면 태평양전쟁을 이해할 수 있다.

맥아더 그리고 바탄 전투

—

태평양전쟁 직전 맥아더는 신생 필리핀군의 군사 고문이자 '최고 사령관'이었다. 덤으로 필리핀 육군 원수 계급도 가지고 있었는데 여러모로 필리핀과 인연이 있던 인물이다. 그의 아버지는 필리핀 군사령관을 지낸 경력이 있었고, 그 자신도 젊은 시절 필리핀에서 두 번이나 근무한 적이 있었다.

맥아더는 제1차 세계 대전의 전쟁 영웅이었다. 당시 30대의 나이로 사단장을 맡았고, 미군 사단장 가운데 가장 많은 열 다섯 번의 훈장을 받았다.

그러나 대공황 시기에 퇴역 군인들이 1945년에 지급하기로 한 보너스를 조기 지급해 달라는 평화적인 시위를 벌인 적이 있는데, 맥아더는 탱크를 동원해 이 시위대를 밀어버릴 만큼 성격이 매우 독선적이었다(게다가 그 지휘를 패튼 소령에게 맡겼다. 제2차 세계 대전 당시 미친 개처럼 날뛰던 그 패튼 말이다). 그의 수석 부관인 아이젠하워가 뜯어말렸지만 그는 보너스를 받기로 한 퇴역 군인들 가운데 참전용사는 10퍼센트도 안 될 것이고, 심지어 이들 모두 공산혁명을 일으키려고 일을 꾸미는 '빨갱이'라고 주장했다. 물론 이들은 빨갱이도 아니었고 대부분 실제

더글러스 맥아더

로 군복무를 했던 퇴역 군인이었다. 이들은 그저 배가 고파서 보너스를 미리 지급해달라고 요구한 것뿐이었다.

이 사건은 맥아더가 군문軍門을 '잠시' 떠나는 단초가 되었다. 대공황의 한가운데에서 먹고살기도 힘겨운 마당에 군대에 배정된 예산이 감축되는 건 당연지사였다. 맥아더는 즉시 반발했고 결국 대통령과 충돌하며 최연소 육군 참모총장 자리에서 물러나 군사 고문 자격으로 가족들과 함께 필리핀으로 떠났다.

맥아더는 필리핀에서 왕처럼 살았다. 필리핀 최고의 호텔인

마닐라 호텔 최상층에서 지내며 이곳저곳에 투자하는 등(마닐라 호텔의 경영에 참여하거나 광산 사업의 대주주로 활약했다) 유유자적한 삶을 살았다. 그러다 미국과 전쟁을 준비하는 일본의 계획이 점점 구체화되던 시기에 필리핀 방면 최고 사령관으로 발령나 필리핀 방어 부대를 지휘하게 되었다.

당시 필리핀의 전력은 미군 3만, 필리핀군 12만 명으로 일본군의 침공 부대 4만 3000명보다 훨씬 많았다. 더 놀라운 건 필리핀으로 진격했던 4만 3000명의 일본군 가운데 전투 병력은 16사단과 48사단, 65여단, 4전차연대, 7전차연대 등 총 3만 5000명 정도라는 사실이다(나머지는 수송과 항공 부대). 그나마 3만 5000명의 병력도 정예로 분류된 병력이 아닌 일본 내에서도 2선급으로 분류된 부대였다.

그런데도 맥아더는 일본군에게 판판히 깨져 오스트레일리아로 도망쳐야 했다. 왜 그랬을까? 이유는 간단했다. 절대적으로 그의 무능함이 원인이었다. 그가 인천상륙작전으로 대한민국과 이승만 정권을 살려낸 건 사실이지만 필리핀에서의 방어전은 무능과 방심으로 덧칠된 오욕의 역사였다.

당시의 전황과 맥아더의 대응을 간단히 정리해보면 다음과 같다.

① 1941년 12월 8일 맥아더는 진주만 공습 소식을 전해 듣고 필리핀에 전개 중인 미군의 전략폭격기와 전투기 등을 한 군데에 모았다. 일본 공격을 위한 대대적인 작전을 펼치려고 했으나 작전 개시도 하기 전에 일본 해군 항공대 195대가 곧바로 날아와 이들을 모두 격파했다. 덤으로 필리핀 유일의 레이더 기지도 박살냈다.

② 공군은 박살났지만 맥아더에게는 아직 15만 명의 병력이 남아 있었다. 이 병력을 활용하여 방어전에 나서면 어느 정도 붙어볼 만했는데, 이때 맥아더의 결정적 실수가 등장한다. 맥아더는 이 병력을 모두 해안가에 배치해 혹시 모를 상륙작전에 대비했다. 한마디로 미친 짓이다. 필리핀은 7107개의 섬으로 이루어진 국가다. 필리핀의 해안선은 미국의 해안선보다 훨씬 길다. 이 해안선을 모두 방어할 수 있을까? 상식적으로 불가능했다.

참모들은 해안 방어 대신 병력을 수습해 내륙으로 이동하여 거점 방어를 하자고 건의했지만 맥아더는 이를 거절했다. 결국 맥아더의 15만 병력은 섬 여기저기에 흩어져서 멍하니 바다만 바라봤다. 그 사이 일본군 16사단은 손쉽게 상륙하여 그대로 필리핀을 종단했다. 전투도 저항도 없이 필리핀을 가로질러 쾌속 진격했다. 도시가 하나둘 점령되는 마당에 참모들은 다시 한 번 병력을 수습해 일본군을 막자고 했지만 맥아더는 여전히 해안선만을 바라봤다.

③ 맥아더가 정신을 차려보니 어느새 일본군이 턱밑까지 치고 들어와 있었다. 병력을 수습해 바탄 반도로 후퇴 방어전에 들어가려 했으나 이때 문제가 된 것이 '보급'이었다. 당시 맥아더는 "보급품이 부족해 항복했다"라고 주장했다.

과연 보급품이 부족했을까? 바탄 반도로 들어간 이후, 외부의 증원이나 보급이 이뤄질 기미가 없었고 해군도 완전히 빠졌다. 이렇게만 보면 보급품의 부족이 패배의 원인 같지만 엄밀히 따지자면 당시 보급품이 없던 건 아니었다. 문제는 그 보급품을 해안선 방어에 맞춰 해안 방어지대 곳곳에 나눠놨다는 점이다. 그 결과 보급품은 해안가에 방치됐고, 해안 방어를 포기한 순간 보급품도 무용지물이 되었다.

참모들은 바탄 반도로 후퇴하면서 민간인들에게라도 식량을 징발하자고 건의했지만 맥아더는 이를 거절했다. 민간인에 대한 따뜻한 배려라고 볼 수도 있겠지만 군의 존망을 생각해야 하는 지휘관 입장에서는 최악의 선택이었다. 문제는 여기에 혹이 하나 더 붙었다는 점이다. 애초 15만 명이던 맥아더의 병력은 7만 명으로 줄어들었는데, 바탄 반도로 이동하는 중에 민간인 7만 명이 합류하면서 다시 14만 명의 대인원이 됐다. 가뜩이나 부족한 보급품은 더 부족할 수밖에 없었다.

④ 이러한 상황에서 일본군은 병력을 빼기 시작했다. 48사단을 동인도 전선으로 돌렸다. 다시 말하지만 일본군은 2선급 예비역 부대가 아닌 경우 소집되어 4주 훈련을 받고 바로 투입된 신출내기들이었다. 이런 상황임에도 그들은 필리핀 주둔군을 너끈히 상대했다. 바탄 반도에 갇힌 맥아더는 그렇게 3개월을 버텼지만 전황은 도통 개선의 기미가 보이지 않았고, 결국 루즈벨트 대통령은 맥아더에게 오스트레일리아로 피신하라는 명령을 내린다.

⑤ 맥아더는 "I shall return(반드시 돌아오겠다)"이라는 말을 남기고 가족과 함께 오스트레일리아로 도망쳤다. 남은 부하 7만 6000명은 고스란히 포로가 되어 그 유명한 '바탄 죽음의 행진Bataan Death March'으로 1만여 명이 목숨을 잃었다.

태평양전쟁 당시 맥아더가 외친 "I shall return"은 맥아더 사령부의 선전 구호가 됐다. 그는 일반 대중 앞에서도, 의회에서도, 대통령을 만났을 때도 꼭 이 말을 외쳤다. 나중에는 필리핀 게릴라들을 위한 팜플랫, 담배, 초콜릿 등에도 전부 이 문구를 새겨 넣었다.

1944년 7월 사이판이 함락됐다. 그리고 얼마 뒤 루즈벨트 대통령과 육해군 수뇌들이 하와이에 모였다. 회합의 주제는 '일본 침공에 대한 최종적인 루트 결정'이었다. 이때 해군은 필리핀을 내버려두고 타이완으로 바로 진격할 것을 주장했다. 필리핀에서 군이 피를 흘리지 않더라도 타이완을 공략

하면 일본의 턱밑까지 치고 올라갈 수 있다고 역설했다. 정론이었다. 하지만 맥아더는 "필리핀 탈환은 미국의 도의적 의무다"라는 논리로 그들을 설득했다. 전략적 차원에서가 아니라 필리핀인들에 대한 미국의 도의적인 책무를 들고 나온 것이다. 그리고 그의 전매특허인 "I shall return"을 외쳤다.

당시 맥아더는 대통령 출마를 고려한 참모진을 구성했는데 이들 참모진은 대외 홍보를 위해 전략을 구상했고 맥아더를 그럴듯하게 포장했다. 맥아더 사령부가 만들어낸 수많은 홍보 영화와 엄청난 수의 기념품을 보면 누가 봐도 그 수가 빤히 보일 정도로 '노골적'이었다. 그들에게 "I shall return"은 너무도 훌륭한 구호였다. 루즈벨트는 결국 맥아더의 손을 들어줬다.

이 대목에서 잠깐 맥아더의 대선 출마에 대한 당시 분위기를 설명한다면, 그의 행보를 가장 우려했던 이는 트루먼 대통령이었다. 그는 자신의 일기에 다음과 같이 써내려갔다.

"나와 아이크(아이젠하워)는 맥아더가 공화당 전당대회가 열리기 직전 로마의 개선식을 연출하며 돌아올 것으로 예상했다. (중략) 나는 아이크에게 만약 맥아더가 그렇게 한다면 아이크 당신은 민주당 대통령 후보 지명 도전을 발표해야 하며 나는 기꺼이 2인자, 즉 부통령이 될 것이다."

까놓고 말해 맥아더의 상관이던 루즈벨트와 트루먼은 그를 싫어했다. 맥아더의 성격은 무척 오만했다. 웨스트포인트(미육군사관학교) 최우수 졸업생이자 제1차 세계 대전의 영웅, 육군 참모총장 역임과 극동지역에서의 오랜 경험 등을 바탕으로 오만을 넘어 독선에 가까운 행동을 보일 때도 있었다. 그의 사생활을 들여다보면 친구가 거의 없었다. 그의 첫 번째 결혼식 때 하객으로 온 친구가 단 한 명이었을 만큼 인간관계가 좋지 않았다. 그러한 빈자리는 언제나 부하들이 채웠다. 그는 늘 아첨하는 부하들에게 둘러싸여 있었다. 노회한 루즈벨트는 어느 정도 맥아더를 컨트롤했지만 '신참내기' 트루먼은 늘 어려워했다. 변변한 학교 교육도 받지 못했고, 국제정세는 물론 극동의 군사 문제에 대해서도 문외한이던 까닭에 루즈벨트와 달리 맥아더를 어떻게 컨트롤해야 할지 몰랐다.

이런 오만하고 독선적인 장군을 루즈벨트나 트루먼이 무시할 수 없던 이유는 그가 가진 대중적인 인기와 군사적인 '촉' 때문이었다. 그는 누구도 예상치 못하는 허를 찌르는 작전을

해리 트루먼 대통령

구상했고 실천에 옮겼다. 오만하고 독선적이기에 가능한 일
이었다. 좋게 말하면 '뚝심' 나쁘게 말하면 '아집'이라고 해야
할까? 이런 성격 때문에 자신의 생각과 배치되는 정보는 받아
들이길 거부했고, 자기만의 생각을 우선시했기에 상황 인식
도 늦었다. 양날의 검 같았다고 해야 할까? 바탄 전투는 맥아
더의 독선과 아집이 한없이 안 좋은 쪽으로 진행된 결과였다.

12

일본, 필리핀의 물가를
100배로 만들다

태평양전쟁 때, 아니 히로히토(쇼와) 시대의 일본에는 대본영정부연락회의大本營政府連絡會議라는 정체 모를 비밀회의가 하나 있었다. 이 회의의 존재 자체만으로도 구 일본 제국의 정부 형태를 미루어 짐작할 수 있다.

일반적인 국가라면 군은 국가의 정부 부처 가운데 하나로 군통수권을 가진 이의 통제를 받는다. 그러나 이 시대의 일본군은 정반대였다. 군이 나라를 통제하는 비정상적인 모습을 보이며 꼬리가 몸통을 마구 흔들어댔다. 이러한 정부 형태 속에서 군은 정부를 활용하거나 정치를 이용할 수 있는 방법을 필요로 했다.

대본영정부연락회의는 얼핏 정부 기관들이 서로 간의 업무 협력을 도모하기 위해 모이는 오늘날의 유관기관 합동회의나

관계 장관회의, 민관군 합동회의 같은 느낌이 든다. 그러나 그 실상을 들여다보면 군이 전쟁을 위해 정부와 정치를 어떻게 활용하면 좋을 지 논의하는 자리였다.

이들은 군사작전이나 군사행동 계획에 관해서는 "통수권의 침범을 허용하지 않는다"라는 명분을 내세워 자신들의 정보를 일체 공유하지 않았다. 군대가 전쟁을 일으키거나 대단위 작전을 계획해도 민간정부 쪽에서는 일절 알 수 없었다는 의미다. 대표적인 예가 1941년 11월 태평양전쟁 직전에 몇 차례 열린 대본영정부연락회의인데, 당시 도고 시게노리 외상은

히로히토와 대본영정부연락회의의 모습

미국과 개전을 앞둔 상황에서 외교 교섭을 하기 위해서는 개전 일자를 알아야 한다고 군부에 요청했다. 너무도 당연한 요구였지만 군부는 군사작전상 비밀이라며 일언지하에 이를 거절했다.

상식적으로 이해할 수 없는 행동이다. 나라의 운명이 걸린 상황에서 외교부 장관이 외교 교섭을 위해 개전 일자를 알아야 하는 것은 당연한 일 아닌가? 도고 시게노리는 끈덕지게 군부를 설득했다. 외교 협상을 위해서는 개전 일자를 알아야 일정을 짤 수 있다는 지극히 상식적인 말이 이어졌고 군부로부터 겨우겨우 12월 8일이라는 대답을 얻어냈다. 그러나 딱 거기까지였다. 개전에서 어떤 작전이 펼쳐질지, 개전의 첫 목표가 무엇인지는 여전히 함구했다. 대신 개전에 대비해 선박과 비행기의 생산을 독촉했을 뿐이다.

1941년 11월 대본영정부연락회의에서 일본은 향후 있을 전쟁에서의 점령 방침을 결정했다.

"진주만 공격에 이어 남방 자원지대를 확보하고 난 뒤 이들의 점령과 통치를 위한 기본 방침을 결정한다."

이렇게 해서 나온 것이 '남방 점령지 행정실시 요령'이다. 기본적으로 남방작전에서 점령한 지역은 군정軍政(군대의 통치)을 실시하는 것으로 결정됐다(당연한 일이겠지만). 그리고 군정을 위해 군정감부軍政監部를 설치하는 것으로 의견이 모아졌다. 문제는 그 다음으로 점령지 통치 방법이었다. 대본영은 크게 세 가지 기본 방침을 정했다.

첫째, 자원의 획득

남방작전의 기본 목표였다. 미국과 전쟁을 계속 이어가기 위해서는 남방 자원지대에서 필요한 자원을 입수해야 했다.

둘째, 군의 자활

점령지 군대는 본국의 보급에 의존하지 말고, 식량과 같은 필요한 물자를 현지에서 조달하라는 지침이었다.

셋째, 치안의 회복

일본군에 대한 저항운동에 대해서는 단호히 대처할 것을 주문했는데, 이 말은 곧 주민들을 억압하고 그들의 생활을 압박해도 좋다는 일종의 '강경 대응'에 대한 사전 허가였다.

이 행정실시 요령은 당시 다급했던 일본의 상황을 여실히 보여주는 문건이다. 단기 결전을 위주로 전략을 준비했고 늘 그러한 방식으로 싸워왔던 일본은 중국 전선에서 예상치 못한 '벽'에 부딪혔다. 본격적인 장기전 태세를 준비하고 '끝까지 가보자'라며 버티는 장제스 앞에서 일본은 당황했고, 자신들이 실수를 한 게 아닌가 하는 불안감에 휩싸였다.

일본은 중국이란 수렁 속에 빠졌다. 일본의 국력은 이 수렁 속에서 천천히 소진됐고 국력이 소모된 만큼 일본 군부는 다급해졌다. 이러한 다급함으로 만들어진 것이 바로 '남방 점령지 행정실시 요령'이다. 군의 자활이란 보급을 해줄 여력이 없다는 의미고, 자원의 획득은 수탈의 다른 말이며, 치안의 확보는 수탈에 반발하면 무력으로 진압하란 뜻이었다.

죽음의 행진

—

필리핀은 태평양전쟁 당시 일본의 목줄과도 같은 곳이었다. 필리핀에서 전략 물자가 생산되는 것은 아니었지만(구리가 생산되긴 했다) 그 지정학적 위치만으로도 충분한 가치가 있었다.

남방 자원지대에서 획득한 자원을 일본 본토로 실어 나르기 위한 수송 루트의 거점이었고, 군사전략적으로 봤을 때도 극동지역에서 미국의 주요 거점이던 필리핀의 확보는 대동아공영권을 추구하던 일본에게는 꼭 확보해야 할 지역이었다.

1942년 1월, 수도 마닐라를 점령한 일본은 곧바로 군정감부를 설치하고 군정에 돌입했다. 그리고 '헛발질'을 시작했다. 놀라운 사실은 군정감부의 책임자인 와치 타카지 소장을 비롯해 대부분의 일본군이 필리핀이 어떤 나라인지 모르고 있었다는 것이다. 고작해야 "스페인이 400년 정도 지배했다가 미국이 이를 빼앗아 40년째 지배하던 나라" 정도로만 알고 있었다. 이런 상황에서 일본군은 필리핀을 접수했다.

일본의 필리핀 점령은 첫 단추부터 잘못 끼워졌다. 그 시작은 '바탄 죽음의 행진'이었다. 앞서 잠깐 언급했듯이 맥아더가 오스트레일리아로 도망친 뒤 7만여 명의 연합군은 일본에 항복했다. 태평양전쟁 당시 일본군의 포로에 대한 학대는 악랄하기로 유명한데, 그 첫 테이프를 끊은 것이 바로 바탄 죽음의 행진이었다.

여기서 관동군 참모였던 '근성론'의 대가 츠지 마사노부辻政信 중좌가 다시 한 번 등장한다. 한때 '작전의 신'이라고 불리던 그의 특기 가운데 하나는 '명령 왜곡'이었다. 소련과의 전투 때 보여준 막장 행동이 또 다시 반복됐다. 당시 필리핀 14군에 내려간 명령은 "포로 감시를 엄중히 하라"였는데 츠지 마사노부는 이를 "미군과 필리핀군을 처형하라"로 바꿨다. 결국 일본군은 포로들을 마리벨레스Mariveles에서 카파스Capas까지 120킬로미터 강제 이동시키면서 학대하고 살해하기 시작했다. 그 결과 1만여 명의 포로가 죽었다. 이 사실은 즉각 미국에 알려졌고 진주만 공격에 이어 한 번 더 일본을 '때려잡을' 명분을 주게 된다.

바탄 죽음의 행진에서 죽은 포로들

바탄 죽음의 행진과 포로 학살은 일본의 필리핀 통치에 있어서도 악영향을 끼쳤다. 포로 중에는 연합군이던 필리핀군도 포함되어 있었기 때문에 자연히 필리핀 안에서의 일본 통치에 대한 여론은 나빠질 수밖에 없었다.

잘못된 만남

—

1930년대 후반 필리핀 사람을 정의한다면 이렇게 표현할 수 있을 것이다.

"작은 황색 미국인"

필리핀 국민은 400여 년의 스페인 통치 이후 들어온 미국을 지지했다. 그들은 영어를 배울 수 있는 공립학교를 세웠고, 미국 본토에서 1000여 명의 교사를 데려와 필리핀 사람들을 교육시켰다. 초콜릿이나 껌과 같은 기호식품은 덤이었다.

돈 있는 자들도 좋아했다. 미국은 필리핀의 사탕수수와 코코넛에 주목했다. 대규모 농장을 구축한 뒤 이를 미국으로 넘기면 '꽤 괜찮은 사업'이 될 것임을 간파했다. 필리핀의 질 좋은 구리 광산도 좋은 사업 아이템이었다. 미국은 대단위 투자를 했고 필리핀의 기득권자들과 좋은 관계를 유지했다. 기득권을 그대로 유지하고 확대할 수 있었던 필리핀 기득권자들은 미국을 사랑했다. 그렇다면 필리핀의 일반 대중들은 어땠을까? 그들도 나쁘지 않았다. 경제가 발전했고 일자리가 생겼기 때문이다.

미국 문화도 자연스럽게 흘러들어왔다. 할리우드 영화를 상영하는 극장이 생겼고 길거리에는 자동차가 등장했다. 어느새 양복이 자연스러워졌고 냉장고는 흔한 물건이 됐다. 당시 필리핀은 아시아의 다른 국가들보다 월등히 높은 생활수준을 보여줬다. 필리핀 사람들 입장에서는 아쉬울 것이 없었다. 그런데 그런 와중에 일본이 들어왔다.

일본은 필리핀 사람들의 생활 자체가 마음에 들지 않았다. 일본인의 시각에서 필리핀 사람들은 미국이 자신들의 가치관을 주입시켜 식민지 주민으로 길러낸 존재였다. 작은 황색 미국인으로 길러지는 바람에 동양인으로서의 자각이 사라진 '변종'이란 소리다.

일본은 즉시 필리핀 국민의 정신 개조에 나섰다. 그 시작은

'천황제'에 대한 교육이었다. 일본군은 덴노의 위대함을 역설하며 덴노를 신으로 모실 것을 강요했다.

"덴노의 신민이 됐으니 덴노를 떠받들어라."

필리핀 사람들 입장에서는 황당한 소리였다. 지난 400여 년간 스페인의 지배를 받았고 이후 40년간 미국의 지배를 받은 그들에게 신이란 곧 '하나님'이었다. 기독교 문화 아래 거의 450여 년을 살아온 그들에게 갑자기 덴노를 믿으라고 하면 그 말이 먹히겠는가(우상숭배를 금하는 기독교 교리를 모르는 것일까). 천황숭배를 강요하며 칼로 위협하는 일본군을 보면서 필리핀 사람들은 어떤 생각을 했을까?

그러나 일본군은 생각을 바꿀 의향이 없었다. 미국이 했다면 우리도 해야 한다며 필리핀 아이들을 붙잡고 일본어를 가르치기 시작했다. 그러고는 말도 안 되는 대동아공영권의 논리를 주입하기에 이르렀다.

"너희들은 미국의 착취와 인종차별에서 해방됐다. 이제 같은 동양 민족으로서 함께 번영하자!"

필리핀 사람들에게는 '개소리'처럼 들렸다. 일본이 들어오기 전까지 필리핀은 잘 살았다. 그러나 일본이 들어오고 나서는 '지옥' 문이 열렸다. "함께 번영하자"는 말은 '일본의 번영을 위해 협조하라'는 뜻이라는 사실을 필리핀 사람들은 곧 깨달았다.

일본, 필리핀을 망치기 시작하다
—

첫 시작은 '화폐 개혁'이었다. 필리핀은 페소화를 쓰는 나라였다. 그러다가 태평양전쟁 직후 종래의 페소화를 대신해 '긴급 지폐'라고 불리는 신권이 발행되고 유통되기 시작했다. 그러나 일본이 필리핀을 점령하는 순간 모든 것이 엎어졌다.

일본군은 필리핀 화폐 유통을 금지시켰다. '적의 화폐'라는 이유에서였다. 경제를 조금이라도 아는 사람이라면 헛웃음이 나올 것이다. 필리핀에서 유통되는 화폐의 70퍼센트를 차지하는 '긴급 지폐'를 하룻밤 사이에 휴지 조각으로 만들었으니 말이다. 만약 일본이 긴급 지폐를 폐지한 다음 자신들의 통화를 안정적으로 유통시켰다면 이야기는 달라졌을지도 모른다.

일본이 발행한 500페소

그러나 일본에게는 그럴만한 상식이 없었다.

군정감부는 돈 대신 군표軍票를 찍어 뿌려댔다. 하지만 그 결과는 참혹했다. 돈의 가치를 생각하지 않고 무조건 뿌리고 보는(약탈과 다른 점이라면 종이 쪼가리를 건넸다는 것뿐이다) 일본 군 덕분에 필리핀의 경제는 망가졌다. 일본이 필리핀을 점령한 지 3년이 채 안 되는 기간 동안 필리핀의 물가는 일본군 점령 직전의 100배까지 뛰어올랐고 극심한 인플레이션 덕분에 사람들은 화폐 거래 대신 물물 거래를 택했다. 그러나 이건 시작에 불과했다.

13

미국과 일본이
필리핀을 이용한 방식

일본군의 점령은 필리핀의 경제 기반을 뿌리부터 흔들었
다. 앞에서 설명했듯이 대본영정부연락회의의 방침에 따라
필리핀에서도 '남방 점령지 행정실시 요령'이 적용됐다. 그중
첫 번째로 타격을 미친 건 '군의 자활'이었다. 본국으로부터
보급을 기대할 수 없던 일본군은 식량의 현지 조달을 추진했
다. 하지만 당시 필리핀에서도 쌀이 부족했다.

　이러한 경우 상식적인 국가라면 점령지의 치안 유지와 점령
지 주민들과의 불필요한 마찰을 줄이기 위해서라도 어느 정
도 유예를 두는 것이 올바른 판단이다. 하지만 상식과 거리가
먼 일본군은 쌀 부족으로 어려움을 겪고 있는 주민들의 쌀을
빼앗아갔다. 그 결과 필리핀에서는 아사자가 속출할 정도로
식량 사정이 나빠졌다.

더 큰 문제는 아예 필리핀 농업을 파괴했다는 점이다. 일본이 점령하기 직전까지 필리핀의 최대 재배 작물은 사탕수수였다. 미국이라는 든든한 판매처가 있었기에 사탕수수를 재배했고 이를 미국에 수출하여 돈을 벌었다. 그러나 일본이 점령하면서 이 모든 게 어그러졌다. 일본군은 사탕수수밭을 갈아엎으라고 명령했다. 이유는 역시나 미국 때문이었다. 당시 일본은 미국의 면화를 수입하고 있었는데 미국과 전쟁을 하는 바람에 면화를 수입할 수 없게 됐다. 그래서 그 대체지로 필리핀을 선택했다.

"필리핀에서 면화를 재배하여 충당하자."

단순하고도 어리석은 발상이었다. 갈아엎은 밭에 목화를 키웠지만 결과는 참혹했다. 목화밭은 병충해로 흉작을 면치 못했다. 풍토에 맞지 않는 무리한 시도가 불러온 참사였다. 돈을 잃은 지주와 직업을 잃은 소작인들의 불만이 하늘을 찌를 만큼 높아졌지만 일본군은 이들을 총칼로 진압했다.

일본군은 대본영이 만든 '남방 점령지 행정실시 요령'을 충실히 지켰다. 그럴수록 일본에 대한 필리핀 사람들의 반감은 커져만 갔다. 결정타는 구리 광산에서의 강제 노동이었다. 구리는 일본에게 있어 전략 물자였다. 전쟁을 위해 구리 생산을 계속 늘려야 했고, 구리 생산을 늘리기 위해서는 그에 따른 인력이 필요했다. 일본군은 필리핀 사람들을 강제로 끌고 와서 구리 광산에 집어넣었다. 강제로 끌려온 필리핀 광부들은 밤이 되면 숙소를 빠져나와 도망치기 일쑤였다. 날이 갈수록 탈출자는 점점 늘어났다. 상황이 이렇게 돌아가자 일본군은 도망친 광부의 가족을 처단하고 동료들끼리 서로 감시하게 하여 도망자 색출 작업에 나섰다. 그러나 도망자들은 마을로 가지 않았다. 그들이 선택한 건 일본군에 대한 복수였다.

게릴라의 등장

—

필리핀은 게릴라가 활동하기에 더없이 적합한 지역이다. 7100여 개의 섬으로 이루어진 국토는 행정력 공백 지대가 생겨났고, 적도에 가까운 열대우림 지역은 은신처를 양산해냈다. 지금도 필리핀에서는 이슬람 반군 조직이 미다나오섬을 중심으로 활동하고 있다. 이러한 이유들로 필리핀에서는 군

여성 게릴라 부대의 훈련 모습

대를 동원해 게릴라를 완벽하게 제압하기가 쉽지 않다. 즉, 정치적인 해법이 가장 유효하다는 의미다. 그러나 일본군에게 이런 선택의 여지는 없었다. 민간인에 대한 가혹한 억압만이 있을 뿐이었다.

게릴라들은 점점 그 수를 불렸고, 맥아더는 이를 철저히 이용했다. 무기와 식량, 각종 보급품들이 잠수함을 통해 필리핀 게릴라들에게 전달됐고 게릴라들은 이를 토대로 일본군과 싸웠다. 당시 일본군은 게릴라들과 같은 인원으로 싸웠을 경우 무조건 패했다. 당시 필리핀에 배치됐던 일본 병사들의 하결 같은 증언이다.

　"같은 인원으로 싸우면 반드시 졌다. 화력에서 상대가 되
　지 않았다."

　필리핀 게릴라가 정규군에 비해 가질 수 있는 우위라면 지
형적인 이점, 기습 공격에 의한 주도권 확보 등을 생각할 수
있는데 당시 필리핀 게릴라들은 이런 이점과 더불어 '화력'의
우위도 가지고 있었다. 필리핀 게릴라 뒤에는 미군이 있었다.
미군은 아낌없이 장비를 지원했고 그 덕분에 소규모 보병 전
투에서는 게릴라가 화력으로 정규군을 압도하는 해괴한 상황
을 만들어내기도 했다.

　일본군 스스로가 만든 수렁이었다. 자활을 핑계로 주민들을
수탈하고, 자원 확보를 위해 필리핀 사람들을 강제 동원해 구
리 광산에 밀어 넣은 것도 모자라 도망자 색출을 핑계로 애꿎
은 민간인들을 학살했으니 말이다. 주민 학살은 점령지 통제
를 위한 행동이라며 본국에서 허용한 일이 아닌가. 그야말로
빈곤의 악순환이었다. 통제하기 위해 더 큰 압력을 가한 결과
주민들의 저항은 거세지고 통제의 강도 역시 더 높아졌다.

필리핀 게릴라들은 철도를 포함한 기간시설 공격에도 나섰다. 게릴라 조직은 이미 100개가 넘었고, 그 인원만 하더라도 30만 명에 이르렀다. 상황이 이렇게 되자 일본군은 유화책을 동원했다. 주민들의 저항을 무마하기 위해 필리핀의 독립을 선언한 것이다. 호세 라우렐José Paciano Laurel 대통령을 수반으로 한 필리핀 정부를 구성하고(제2공화국) 권력을 필리핀 정부에 넘기는 것처럼 보였다. 그러나 이건 꼼수일 뿐이었다.

필리핀의 독립 이면에는 "필리핀 방위는 일본군이 담당하고 필리핀은 필요한 협력을 다한다"는 합의가 있었다. 일본은 그때까지 해왔던 물자조달이나 자원개발을 계속할 수 있었고 필리핀 정부는 그저 허수아비였다.

일본의 상황은 점점 악화됐다. 필리핀 영토 가운데 일본군이 실효 지배한 구역은 30퍼센트가 채 되지 않았다. 나머지는 게릴라들의 땅이었다. 게릴라들은 맥아더의 눈과 귀가 되어 필리핀 상황을 수시로 보고했는데, 맥아더가 필리핀에 상륙하기 전까지 약 7000여 회나 되는 정보를 맥아더 사령부에 보고했다. 이미 일본군은 미군과 싸우기도 전에 지고 있었다.

당시의 상황을 단적으로 보여주는 것이 레이테섬이었다. 레이테섬을 방어하기 위해 일본은 제16사단의 2만 명 군인들을

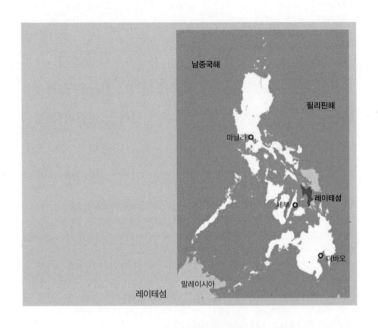

주둔시켰다. 하지만 이들은 사단 사령부 주변 지역 정도만을 제압했을 뿐 나머지 지역은 게릴라들에게 장악당하고 만다. 만약 이들이 게릴라들만 상대했다면 어느 정도 여유가 있었 겠지만 당장 이들 앞에는 언제 쳐들어올지 모를 미군에 대비한 방어선 구축 작업이 기다리고 있었다. 결국 16사단의 병력 3분의 1은 게릴라 토벌에, 나머지 병력은 진지 구축과 방어전 준비에 들어가야 했다.

설상가상으로 일본은 모든 게 부족했다. 시멘트가 부족해

토치카를 만들 수 없었고, 시시때때로 공격해오는 게릴라들 덕분에 공사는 계속 지연됐다. 이런 상황이 계속되자 일본군은 게릴라를 토벌한다는 명목으로 민간인들을 학살하기 시작했다. 필리핀 주민들의 반감은 더욱더 커져만 갔다(일본군은 필리핀을 떠나기 전 100만 명의 필리핀 사람들을 학살했다).

맥아더가 필리핀 탈환작전을 펼칠 때 레이테만에 상륙한 이유가 여기에 있었다. 게릴라 세력이 가장 많이 포진해 있어 지원 및 정보 확보에 용이했다. 게다가 수비하는 일본군 세력은 게릴라를 상대하기도 힘겨울 정도로 부족한 상황이라는 정보를 맥아더는 이미 필리핀 게릴라를 통해 확인한 뒤였다.

대본영이 만든 '남방 점령지 행정실시 요령'은 실패했다. 그들의 다급함과 절박함은 이해할 수 있지만 이러한 다급함이 일본의 발목을 잡았다. 무차별적인 수탈과 억압은 필연적으로 반동을 일으킬 수밖에 없다. 이 반동은 점점 커져 필리핀 국민의 저항으로 이어졌다.

1944년 10월 22일 맥아더는 약속한 대로 필리핀으로 돌아왔다. 레이테만에 집결한 700여 척의 함선은 일제 사격으로 레이테섬에 있던 일본군 수비 병력을 쓸어버렸다(함포 사격만으로 5000여 명의 일본구 사상자가 발생했다). 그 뒤로는 일사천리

레이테섬 팔로해변에 상륙하는 맥아더

였다. 미군은 별 저항 없이 레이테섬에 상륙했고, 맥아더는 자신의 선전을 위해 기록 영화를 찍으며 여유 있게 해변에 발을 내디뎠다. 허겁지겁 가족만 데리고 오스트레일리아로 도망친 지 2년 7개월 만의 일이었다. 필리핀 사람들에게 미군은 '해방'의 또 다른 이름이었다.

"일본군은 빼앗아가기만 했다."

필리핀 사람들은 입을 모았다. 전쟁 전 미국을 기억하는 필리핀 사람들은 앞다퉈 미군에게 달려갔다. 아니, 전쟁 전 미국의 모습이 아니더라도 상관없었을 것이다. 누가 와도 일본군보다는 나을 거라는 기대였다. 그 기대는 현실이 됐다. 미군은 식량을 주었고 의료품을 지원했으며 무기도 건넸다. 결정적으로 맥아더는 필리핀 게릴라와 국민을 무장시켜 일본군과 싸우게 했다. 필리핀 국민으로서는 두 팔 벌려 환영할 일이었다. 일본군을 죽일 수만 있다면 뭐든 할 수 있었다. 게다가 식량과 돈도 준다고 하지 않는가.

레이테섬에 있던 일본군 제16사단은 잔존 병력을 수습해 후퇴했지만 쉽지 않았다. 식량과 보급품의 부족, 게릴라들의 공격, 주민들의 비협조적인 태도도 한몫했다. 필리핀 주민들은 미군의 눈과 귀가 되어 일본군들의 행로를 수시로 알려줬다. 또한 미군의 길 안내를 도맡았고 보급품을 운반해주기도 했다.

압권은 레이테만 해전 이후였다. 일본 입장에서 필리핀의 함락은 '패전'을 의미했다. 남방 자원지대의 자원이 있어야만 전쟁을 계속할 수 있는데, 그 수송 루트의 목줄이 되는 필리핀이 점령되었다는 건 곧 사형선고였다. 일본군은 결사항전을 천명하며 모든 것을 쏟아부었지만 함대는 레이테만 해전에서

레이테섬에 상륙한 미군

박살났고, 축차적으로 투입된 6만 명의 병사는 미 함대에 걸려 수장됐다.

일본군 입장에서 안타까운 건 미군의 공격에서 살아남아 결사적으로 해변까지 기어 나온 이들을 다름 아닌 필리핀 사람들이 기다리고 있었다는 점이다. 필리핀 사람들은 당연하게도 들고 있던 몽둥이나 농기구로 일본군을 때려 죽였다. 좀 똑똑한 필리핀 사람들은 이들을 미군에게 끌고 가면 돈이나 먹을 것을 받을 수 있다며 죽지 않을 만큼 때린 다음 미군에게 넘겼다. 대본영의 '남방 점령지 행정실시 요령'의 결과였다.

14

전쟁은 돈으로 한다

태평양전쟁 당시 미국과 일본의 '격차'를 단적으로 보여준 무기 혹은 전술이 하나 있었다. 누구나 한 번쯤 상상해봤지만 현실적인 여건 때문에 실행에 옮길 수 없던 것을 미국과 일본은 전쟁 당시 각각 실행에 옮겼다.

이 두 가지는 미국과 일본의 전혀 다른 국가적 성격을 나타내기도 하고, 두 나라가 전쟁을 어떻게 바라보았는지를 설명해주기도 한다. 미국의 'VT 신관'과 일본의 '가미카제神風 특공'이 바로 그것인데, 이 두 가지처럼 당시 미국과 일본의 차이를 극명하게 보여주는 것 또한 아마 없을 것이다.

VT 신관

—

신관信管이란 대포의 포탄이나 탄환, 어뢰의 폭약을 폭발시키는 장치다. 포탄은 말 그대로 폭약덩어리인데 이런 포탄이 아무 때나 터진다면 매우 곤란할 것이다. 이러한 문제로 개발된 것이 바로 신관이다. 쉽게 말해 포탄을 원하는 시간에 터트리고 원하지 않을 때는 터지지 않도록 해주는 장치다.

그럼 신관은 작동에 따라 어떻게 구분될까? 가장 일반적인 형태는 포탄이 목표물에 맞았을 때 작약이 터지는 착발 신관, 일정 시간을 두고 작동하는 지연 신관 등이 있다. 그리고 지금부터 설명할 목표물 근처에서 알아서 터지는 근접 신관인 VT 신관이 있다.

근접 신관은 당시 군 관계자들의 '꿈'이었다. 보통의 착발 신관은 목표물에 접촉해야만 폭발한다. 포병이 포를 쏜다고 치자. 목표물 근처의 보병들이 포탄 낙하지점을 확인하고 납작 엎드린다면 어떻게 될까? 포탄이 떨어진 지역은 구멍이 생기겠지만 그 외의 지역은 피해가 '덜'할 것이다.

그런데 만약 포탄이 목표물에 맞지 않아도 목표물 근처, 가령 목표물 바로 위에서 터진다면 어떻게 될까? 그 밑은 아비

규환의 생지옥이 될 것이다.

언뜻 '포탄을 계속 쏘면 목표물에 맞지 않을까?' 생각할지도 모른다. 만약 그것이 움직이지 않는 고정 목표물이라면 100발이고 200발이고 계속 쏘면 된다. 그러나 목표물이 움직인다면 어떻게 될까? 그것도 고속으로 움직이는 비행기 같은 존재라면 얘기가 달라진다.

제2차 세계 대전 당시 엄청난 양의 대공포가 생산됐고 이들은 하늘에 포탄을 흩뿌렸다. 그러나 당시 대공포의 전술은 일정 구역에 촘촘한 화망을 만들어놓고 그곳으로 폭격기나 전투기가 들어오면 박살을 내는 방식이었다. 제1차 세계 대전의 항공기술과는 차원이 다를 만큼 발전한 제2차 세계 대전의 항공기술은 비행기가 시속 500킬로미터 정도로 날아다니는 건 일도 아니었다. 인간의 목측目測으로는 표적을 따라갈 수 없었다.

거의 대부분의 대공포는 허공에 돈을 흩뿌렸다. 한 번 걸리면 제대로 KO시킬 수 있는 강편치가 있지만 맞지 않는다면 허공에 주먹질을 하는 것과 다를 게 없었다. 대부분의 대공포는 허공에 주먹질만 하다 끝나는 경우가 많았는데, 이런 상황에서 새로운 생각을 하는 이들이 등장했다.

'포탄이 날아가다가 표적 근처에서 자동으로 터진다면 어떨까?'

착발 신관은 목표물에 맞아야 포탄이 터졌다. 지연 신관은 세세하게 시간을 조정하기가 어려웠다. VR 신관 개발은 포탄이 목표물 근처에서 알아서 터져만 준다면 모든 문제가 해결된다는 단순한 생각에서부터 시작됐다.

1930년대 독일은 이 기술을 개발하겠다고 나섰다. 그러나 당시의 기술력으로는 엄청난 난제였다. 대포 중에도 비교적 작은 구경으로 통하는 105미리 포탄에 장착되는 신관만 하더라도 크기가 주먹 안에 들어올 정도로 작았다. 이 작은 신관 안에 목표물의 거리를 확인해 자동으로 폭발하는 장치를 심는다는 게 보통 일이겠는가. 게다가 그 엄청난 압력은 또 어떻게 감당한단 말인가. 포신 안에서 화약이 밀어 올리는 힘을 견뎌야 했고, 총포 내부에 있는 나사 모양의 강선을 따라 돌면서 충격을 버텨내야 했다.

물론 어찌어찌 만들어낼 수는 있겠지만 그 엄청난 비용을 누가 감당할 수 있을까? 독일은 몇 번의 시도 끝에 결국 근접 신관 개발을 포기하고 만다.

쇼미 더 머니Show me the money

독일의 기술력으로도 풀지 못한 문제를 해결한 건 미국의 '돈'
이었다. 미국 기술진은 신관 안에 전파 발신기와 수신기를 집
어넣고, 송신한 전파가 반사되어 돌아온 거리를 읽고 기폭하는
방식을 개발했다. 쉽게 표현하자면 포탄 안에 작은 레이더를
우겨넣었다고 생각하면 된다. 전파를 발사하며 날아가다가 전
파가 '적기'에 맞고 되돌아오면 그대로 폭발하는 원리다. 적기
근처에서 포탄이 터지면 그 파편으로 적기는 격추된다.

간단해보이지만 당시로써는 첨단기술의 집약체이며 돈을
허공에 날리는 '낭비'의 끝판왕이었다. 언뜻 이해가 안 가겠지
만 어린 아이의 주먹만한 쇳덩어리에 진공관과 공진기, 전지
와 전기식 기폭 장치를 우겨넣는다는 건 오늘날의 기준으로
권총 총알에 16기가 SSD와 CPU, 초소형 레이더와 수신기, 리
튬이온 배터리를 집어넣고 발사하는 것과 같다. 물론 할 수는
있다. 그리고 해냈다. 성능도 확인했다. 문제는 역시 돈이었다.

초창기 VT 신관 한 개의 가격은 732달러였는데, 당시 미군
에 납품된 지프차 한 대 가격이 680달러였다. 지금의 물가로 환
산한다면 VT 신관 한 개의 가격은 9400달러 정도다. 이건 포탄

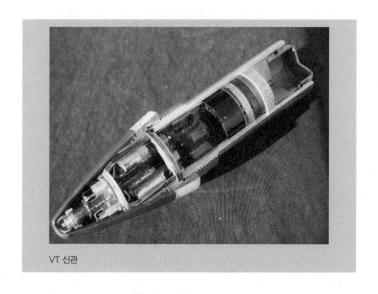

VT 신관

가격이 아니라 포탄 앞에 달려 있는 신관 가격만 따진 것이다.

즉, 대포를 한 발 쏠 때마다 포탄 가격을 제외하고 약 1000만

원 정도를 허공에 뿌린다고 생각하면 된다. 만약 포탄까지 결합

한다면 포탄을 한 번 쏠 때마다 소형차 한 대씩을 허공에 날리

는 것과 같았다(당시 기준으로는 지프차 한 대). 아무리 돈이 많은

미국이라도 고민했을 법하다. 그러나 고민은 오래가지 않았다.

"VT 신관의 양산이 한 달 지체되면 순양함 한 척이, 석 달
지연되면 전함 한 척이 침몰될 것이다."

이 논리는 먹혀들었다. 돈보다 사람 목숨이 더 중요하다는 논리를 어떻게 반박할까?

1942년 1월 VT 신관의 첫 생산 분이 나왔고, 미군은 여름 내내 시험 발사를 통해 신뢰도를 확인하며 개량할 부분을 업체에 전달했다. 그리고 1942년 11월 정식으로 생산에 들어갔다. 대량생산에 들어가면서 원가는 계속 줄어들었는데 1945년에는 VT 신관 한 개당 가격이 18달러까지 떨어졌다. 그럼에도 여전히 비싼 무기였다.

미국은 이 비싼 무기를 아낌없이 사용했다. 1943~1945년까지 발사한 5인치(127미리) 포의 포탄 가운데 약 40~50퍼센트가 VT 신관을 사용했다. 효과는 극적으로 나타났다. 평균적인 착발 신관이나 지연 신관을 사용한 포탄에 비해 3배 이상의 명중률을 보였기 때문이다. VT 신관을 장착하지 않은 경우 항공기 한 대를 격추하는 데 평균 2000발의 포탄이 사용됐으나 VT 신관을 장착한 경우에는 500발이면 충분했다. 뒤에 설명하겠지만 일본의 가미카제 공격기를 상대할 경우에는 오히려 포탄 소모량이 더 적었다.

그렇다고 해서 VT 신관이 만능 특효약은 아니었다. 태평양 전선에서 일본군을 가장 많이 격추시킨 대공포는 '40미리 보포스 기관포'였고, 실제로 일본군이 가장 두려워했던 것도 바로 40미리 기관포였다. 돈이 넘쳐나는 미국이라도 40미리 기관포에까지 VT 신관을 우겨넣을 수는 없었다. 미 해군은 5인치 이상의 함포에만 VT 신관을 사용했다. 연사 속도는 40미리 기관포에 뒤처졌지만 5인치 포는 확실한 한 방이 있었다. 그리고 그 한 방은 일본군이 가미카제 자살공격을 시도하면서 더욱 빛을 발했다.

처음으로 가미카제 자살공격을 맞닥뜨린 미군은 패닉 상태

40미리 보포스 기관포

에 빠졌다. 그러나 자살공격이 한 번 두 번 계속되자 곧 대응책을 생각해냈다. 일반적으로 봤을 때 가미카제의 위력은 대단해보였지만 그 공격 루트는 의외로 단순했다. 함선으로 돌격하기 위해 수직에 가까운 각도로 함선의 제일 약한 연돌煙突(굴뚝) 부분을 노린다거나 오늘날의 대함 미사일처럼 바다에 붙어 수평 비행을 하다가 들이받는 방법이 전부였다. 함선에 돌입하기 위한 루트가 고정되자 그 길목에 탄막을 형성하면 쉽게 제압할 수 있다는 결론이 나왔다.

VT 신관은 맹위를 떨쳤다. 대구경 함포는 보다 긴 사정거리를 자랑했기에 가미카제 공격기가 접근하는 루트를 예상하고 그 주변에 집중적으로 탄막을 형성했다. 물론 일반적으로 소구경인 20미리나 40미리 기관포가 격추하는 항공기 수가 더 많았지만 단순한 항로로 날아오는 가미카제 공격기를 격추하기에는 VT 신관을 장착한 5인치 포가 더 효과적이었다.

상황이 이렇다 보니 미 해군 함대 사령부는 보다 많은 5인치 포를 장착해야 한다며, 함정에 부착한 대공포 시스템을 재편하자고 건의했다. 일선에서 VT 신관의 효과를 확인했기 때문이다. 미 해군이 VT 신관에 얼마나 만족했는지는 태평양전쟁 직후 함정에서 소구경 대공포를 모두 철거하고 대공포 구경을 76미리와 127미리로 통일한 것만 봐도 알 수 있다.

재미난 건 VT 신관이 태평양에서나 대서양에서 '바보'들을 상대로 이겼다는 점이다. 태평양 전선에서는 '유인 공대함 미사일'이라고 할 수 있는 가미카제 공격기에 맞서 전과를 올렸다면, 대서양에서는 '무인 지대지 순항 미사일'이라고 할 수 있는 히틀러의 V1 로켓을 상대했다. 물론 대서양에서의 활약도 대단했다. 접근 항로가 단순한 비행물체에 있어 VT 신관은 그야말로 재앙이었다.

이렇게 대공포로서 쏠쏠한 활약을 거둔 VT 신관은 유럽에

'유인 공대함 미사일'인 가미카제 공격기의 특공 모습

서 벌이는 전투가 거의 막바지에 이르는 1944년 겨울 무렵부터 지상군을 상대로 한 야포에도 사용됐다. 이전까지는 추축국이 VT 신관을 확보해 이를 복제할지도 모른다는 생각에 사용을 엄격히 제한했지만 승기가 완전히 연합국으로 넘어온 뒤에는 항공기로 향하던 불벼락이 일반 보병이나 지상 목표물에도 아낌없이 뿌려졌다.

미국만이 상상할 수 있었고, 미국이기에 생산할 수 있었던 무기였다. 전쟁은 역시 돈으로 하는 것이다.

15

사라지는 희망

"우리도 흔히 최후의 한 발까지, 최후의 1인까지 싸우라는
명령을 종종 내리지만 이 명령을 진정으로 실행할 수 있는
유일한 군대는 일본군뿐이다."

제2차 세계 대전 당시 동남아시아에서 일본군과 싸웠던 영
국의 윌리엄 슬림William Slim 장군이 한 말이다. 그의 말처럼 일
본군은 최후의 최후까지 싸웠다. 모든 지휘관의 꿈을 실현한
부대라고 해야 할까? 아니면 인격과 지성, 판단력을 제거한
로봇과 같은 군대라고 해야 할까?

분명한 사실은 역사에 기록된 일본군은 '광기狂氣'와 '세뇌洗
腦' 같은 부정적인 단어로 기억되고 있다는 점이다.

윌리엄 슬림

낙조 落照

—

일본은 태평양전쟁을 시작할 때 정규 항공모함 6척, 소형 항공모함 10척을 보유하고 있었다. 그러다가 미드웨이 해전에 이르면서 5척으로 줄어들었고, 1944년 9월 마리아나 해전에서는 정규 항공모함 5척에 소형 항공모함 9척을 합해 총 14척의 항공모함을 보유했다.

반면, 미국은 남태평양 해전 직후에는 태평양 방면에 엔터프라이즈 1척만을 작전에 투입할 수 있었다. 그러나 급속도로 전시경제로 전환한 다음부터는 이야기가 달라졌다. 1942년 말부터는 새로 개발한 대형 항공모함 '에식스급'을 두 달에 1척 꼴로 생산해내는 놀라운 저력을 보였다. 그 결과 무려 15척의 에식스급 항공모함을 건조했고, 인디펜던스급의 소형 항공모함은 1943년에만 9척을 건조했다. 소형 호위 항모도 무려 124척이나 찍어냈다.

1942년 남태평양 해전 이후 1년 8개월 동안 일본과 미국은 항공모함을 동원한 직접적인 해전은 없었다. 이 공백기 동안 미국은 완벽하게 전시경제로 전환했다. 일본의 희망은 사라졌다. 두 달에 1척 꼴로 정규 항공모함을 찍어내는 미국을 무슨 수로 감당하겠는가.

일본은 미드웨이 해전에서 참패한 이후, 인도네시아-뉴기니-필리핀-캐롤라인 제도-마리아나 제도-오가사와라 제도로 연결된 해상 방위라인을 설정하여 절대방어선絶対防御線이라는 명칭을 붙였다. 태평양전쟁 후반기 우리가 익히 알고 있는 이오지마 전투와 필리핀해 전투(레이테만 전투, 마리아나 전투) 등이 바로 이 절대방어선을 중심으로 벌어진 전투다.

절대적인 생산력의 열세 속에서 일본군은 방어라인을 중심으로 압도적인 미국의 물량 공세를 버텨냈다. 그러나 한계가

곤 드러났다. 1942년 8월부터 1년 반 동안이나 벌어진 솔로몬 항공전에서 일본은 약 2500대의 항공기를 잃었고(그만큼의 조종사들도 잃었다) 더 이상 버틸 수 없다는 판단으로 1944년 2월 20일 마지막 제로 전투기 23대를 라바울Rabaul에서 트럭섬으로 후퇴시키면서 방어라인을 뒤로 물렸다.

반면, 미 해군은 양적으로나 질적으로 엄청나게 성장했다. 태평양전쟁 초창기에는 항공모함 1척을 투입할 때마다 온갖 고민을 다했지만 1943년 중반이 되자 '부자 옛말하는' 상황이 펼쳐졌다. 미 해군은 현대적인 항모 기동 부대 편제와 전술을 완성시켰다. 전쟁 초기에는 그렇게 할 물자도 병력도 노하우도 없었지만, 경험이 쌓이고 병력이 모이고 물자를 찍어내면서부터 완전체로 거듭났다. 예전에는 1척 혹은 2척씩 항공모함을 분배하고 배치했다면 1943년 중반부터는 3~4척의 항공모함을 집중적으로 배치하고 여기에 레이더와 신형 대공포를 장착한 전함, 순양함을 호위함으로 붙였다. 또한 그 뒤에 보급함을 따로 배치해 하나의 기동 부대를 만들어 전선에 투입했다. 이는 오늘날 미국이 자랑하는 항공모함 기동 부대의 원형이 된다. 항공모함뿐만이 아니다. 태평양전쟁 초창기 와일드캣과 신참 조종사로 버텨야 했던 항모 비행단들은 일본 전투기를 압도하는 신형 기체들과 충실히 훈련받은 조종사들로 재탄생했다.

미국이 이렇게 성장할 동안 일본은 어떻게 됐을까? 전쟁 초기 태평양 상공을 주름잡던 조종사들은 이미 사라진 지 오래였고 그 빈자리를 신참 조종사들이 대체했다. 동양의 신비라고 자랑하던 제로센은 미군의 신형 전투기 앞에서 '불타는 관'으로 전락했고, 제로센의 개량형이나 신형 기체들은 미국의 헬캣, 콜세어, 무스탕, 라이트닝 앞에서 속수무책으로 당했다.

모든 면에서 일본은 미국에게 밀렸다. 일본에게는 출구가 없어 보였다.

가미카제의 등장
—

"누가 시키시마의 대화혼이 무엇이냐고 묻는다면 아침 해 아래 향기 풍기는 산벚꽃이라 대답하리."

(敷島のやまと心を人間はば朝日ににほふ山ざくら花.)

에도 시대의 국학자 모토오리 노리나가本居宣長가 남긴 와카

和歌(일본의 정형시) 가운데 한 구절이다. 여기서 시키시마는 '일본 열도'를 의미하는데 야마토大和(일본 고대국가 명칭), 아사히(아침 해), 야마사쿠라(산벚꽃)라는 말은 일본어를 모르는 사람도 한 번쯤은 들어봤음직한 단어들이다. 이 단어들 가운데 몇 개는 일본 전함의 이름으로도 사용됐다. 갑자기 일본 와카를 언급한 이유는 이 와카가 일본 최초의 가미카제 특공대와 연관이 있기 때문이다.

기록상으로 볼 때 최초의 가미카제 공격대는 1944년 10월 20일 아침에 탄생했다. 최초의 공격대는 4개의 전대로 이뤄졌는데 전대명이 바로 시키시마, 야마토, 아사히, 야마사쿠라였다. 이름부터 범상치 않은 이 전대는 자살특공을 위해 훈련된 24명의 전투기 조종사들로 구성됐다.

원래 '가미카제'라는 말은 1274년 몽고의 쿠빌라이 칸이 일본 정벌에 나섰을 때 불어온 태풍을 의미한다. 두 번의 몽고 침공을 물리친 태풍은 말 그대로 '신의 바람'이었다. 미국의 압도적인 전력에 점차 본토로 밀려들어가는 일본으로서는 반전의 기회 아니, '희망'이 필요했다. 그 희망으로 거론된 것이 바로 다이아다리體當(육탄돌격)였다. 일본군에게 있어 특별한 전략은 아니었다. 본격적으로 가미카제 특공대가 편성되기 이

전에도 '우발적'인 특공은 늘 있어왔다. 대표적인 예가 미드웨이 해전 당시 항공모함 히류에서 발진한 2차 공격대 대장 토모나가 죠이치友永丈市 대위가 미국 항공모함 '요크타운'에 돌진한 경우다. 굳이 항공모함이 아니어도 전투기나 잠수함 등에 특공을 한 경우는 심심찮게 찾을 수 있다. 그러나 이들은 연료가 떨어졌거나 대공포에 맞아 비행 불능 상태에 빠졌을 때와 같이 급박한 상황에서 우발적, 충동적으로 벌인 공격이었지 출격 전부터 자폭을 결정하고 뛰어든 공격은 아니었다.

미드웨이 해전에서 일본기에 공격당하는 미국 항공모함 '요크타운'

이들이 특공을 생각하게 된 이유는 무엇일까? 이유는 간단하다. 도저히 미국의 기동함대를 뚫을 방법이 생각나지 않았기 때문이다. 겨우 이착륙 훈련을 마친 신참 조종사들을 데리고 대공포의 벽과 최신 함재기 산으로 둘러쳐진 미군 기동함대 부대를 공격해 항공모함을 격침시킨다는 건 불가능한 일이었다. 이는 대본영도 알고 있는 사실이었다.

결국 그들이 생각해낸 것은 목숨을 건 자폭공격이었고, 1944년 3월부터 특공병기인 카이텐, 오카, 신요 등을 개발하여 편성해놓았다. 여기에 항공 부대의 '일부' 조종사와 지휘관들이 불을 당기면서 부대 안의 소수의견이 지휘부까지 올라갔다. 연합함대 사령장관이던 도요다 소에무豊田 副武는 이를 일언지하에 거절했다. 너무 당연한 결정이었다.

그때나 지금이나 군대의 인적자원 가운데 가장 비싸고 양성하기 어려운 것이 전투기 조종사다. 우리나라에서 소령급 전투기 조종사 한 명을 양성하는 데 들어가는 비용은 123억 정도다. 임관해서 소령을 달기까지 걸리는 시간은 아무리 짧아도 10년 정도임을 감안한다면 전투기 조종사 한 명을 키우기 위해서는 천문학적인 시간과 비용이 든다는 것을 확인할 수 있다. 이 때문에 전투기 조종사들을 위한 구조 부대를 따로 운영

도요다 소에무

하고 있고 전투기 조종사들도 정기적으로 생존 훈련을 받는다.

전투기 조종사들은 전쟁에서 최우선으로 지켜야 할 인적자원이다. 그런 그들을 100퍼센트 죽는 자살특공 작전에 투입한다는 건 전쟁을 포기하겠다는 뜻이나 다름없다. 그러나 일본은 내일을 장담할 수 없는 상황이었고, 그 끝을 알 수 없는 군국주의와 전체주의가 국가 전체에 만연해 있었다. 그러다 보니 '특별한' 인물이 등장하기도 했다. 바로 제26항공전대 사령관이던 아리마 마사후미有馬正文 해군 소장이었다.

그는 1944년 10월 15일 미군 기동함대가 루손섬 앞바다에 출현했다는 보고를 듣고 즉시 공격 명령을 내린다. 그러고는 공격대를 자신이 직접 지휘하겠다고 나섰다. 아리마는 직접 제로센을 타고 미국 기동함대로 향했는데 이 전투에서 그는 돌아오지 못했다. 그는 미국 항공모함 '프랭클린'에 특공을 했다. 아리마는 특공 직전 마지막 무선을 남겼는데 "황국의 흥망이 이 일전에 걸려 있다. 귀관들은 혼신을 다하라"였다.

아리마의 특공 소식을 접한 도요다 소에무는 특공 부대 편성을 결정했다. 이러한 결정 뒤에는 제1항공함대 사령관인 오니시 다키지로大西瀧治郎 해군 중장의 집요한 설득이 있었다. 필리핀 전역에 전개한 항공기를 모두 모아봤자 30대 정도의 제로센과 같은 수의 공격기가 고작인 상황에서 미군의 항공모함 기동 부대를 막을 다른 방법이 보이지 않았기에 오니시는 특공을 선택할 수밖에 없었다. 이 특공 부대 편성을 결정하던 자리에 있던 제1항공함대 전임 사령관 테라오카 긴페이寺岡謹平 중장은 당시의 소회를 다음과 같이 밝혔다.

"평범한 전법으로는 효과가 없다. 이 전쟁에서 이기기 위해서는 우리 모두 원귀가 되어야 한다. 이 결사대는 지원자에 한해 선발해야 하며 먼저 고급 장교와 지휘관들이 모범을 보여야 하다. 지원자가 있을까? 젊은 독수리들에게 직접 호소해볼까? 먼저 우리 부대의 전투기 조종사들 가운데 지원자를 선발하면 다른 곳에서도 지원자가 나올 것이다. 만일 전 해군 항공대가 이를 결행하면 해군의 수상 부대도 그 뒤를 따를 것이다. 모든 해군이 그런 기백으로 나선다면 육군도 뒤따를 것이고 전군이 일어서면 1억 국민도 따르지 않을까?"

비장해보이지만 한마디로 '개소리'다. 100퍼센트 죽음이 담보된 작전, 그것도 가장 중요한 인적자원이라고 할 수 있는 전투기 조종사들을 활용해 자살특공을 한다는 말이 상식적으로 이해가 가는가? 일본은 상식에서 벗어난 지 오래였다.

어찌됐든 이렇게 해서 특공 부대 편성이 결정됐고 24명의 조종사가 모였다. 그리고 이 특공 부대에 '가미카제'라는 이름이 명명됐다(이름을 붙여준 사람은 제201해군항공대 선임 참모 이노구치 리키헤이猪口力平 중좌였다).

최초의 특공

"나 같은 우수한 조종사를 죽이다니 일본은 끝장이야. 난

굳이 몸으로 들이받지 않아도 놈들의 갑판에 폭탄을 명중시킬 수 있다고. 나는 덴노나 일본 제국을 위해 가는 게 아니야. 사랑하는 내 마누라를 지키기 위해 가는 거지. 전쟁에서 지면 미국 놈들에게 내 마누라가 강간당할 거 아니야. 나는 사랑하는 사람을 위해 죽으러 간다. 어때, 멋지지?"

– 세키 유키오 대위

24명으로 이뤄진 특공 부대가 결성됐을 때 가장 문제는 지휘관 인선이었다. 공식적으로 특공 부대는 지원자에 한해 선출했고 베테랑 조종사들은 제외됐다. 그러나 최초의 특공을 지휘할 지휘관에 대해서는 고민하지 않을 수 없었다. 죽음을 향해 달려가는 그들을 인솔하고 통제하려면 아무래도 베테랑이 필요했다.

마땅한 인물로 세키 유키오關行男 대위를 선정한 군부는 그에게 '자원을 권유'했다. 당시 세키 유키오 대위는 하루 정도 생각할 시간을 달라고 말했고 다음 날 바로 자원했다. 그의 말처럼 특공은 미친 짓이지만 당시 분위기는 그 미친 짓을 권유하던 때였다.

그러나 최초의 특공은 실패했다. 당시 레이테만의 제공권은 미군이 장악하고 있었기 때문에 일본군은 제대로 정찰기를 띄울 여유가 없었고, 결국 공격대가 직접 목표를 찾은 다음 '돌격'해야 했다. 그들은 몇 번이나 레이테만 이곳저곳을 훑으며 '특공'을 감행할 대상을 찾았지만 번번이 허탕이었다.

몇 번의 허탕을 친 야마사쿠라 편대의 히사노 중위는 1944년 10월 21일 출격했다가 그대로 돌아오지 못했다. 물론 미 해군의 함대에도 돌격하지 못했다. 그저 연료가 떨어져 추락했다고 추정만 할 뿐이었다. 첫 번째 특공은 이렇게 실패로 돌아갔다.

그리고 대망의 1944년 10월 25일, 네 번이나 허탕을 친 세키 유키오 대위의 시키시마 편대가 다섯 번째 출격에 나섰다. 5대의 특공기, 4대의 호위기로 구성된 특공 편대는 보급을 받던 미 해군 함대를 발견했다. 오전 10시 53분 일본 최초의 가미카제 특공 편대가 드디어 미 해군 함대에 돌입했다. 세키 유키오 대위의 전투기는 250킬로그램의 폭탄을 안고 미 항공모함 '세인트 로'에 그대로 돌진했다. 뒤이어 나머지 4대의 전투기들도 각각 다른 항공모함과 중순양함에 돌격했다. 특공은 성공적이었다. 호위 항공모함 1척 격침에 1척 대파, 중순양함 1척을 격침했다. 당시 일본군의 전력으로 이 정도 전과를 올리기 위해서는 최소한 200대의 전투기를 동원해도 성공할까

말까한 대성공이었다.

이 소식을 전해들은 오니시 다키지로의 첫마디는 지금까지 회자되고 있는데 "세키, 눈을 뜨고 있구나!"였다. 상당히 비장해보이는 발언이지만 결국 부하를 사지로 등 떠민 자가 그 성과를 확인하는 내용 아닌가? 심하게 말한다면 '눈 뜨고 잘 죽었다'라는 말을 고상하게 포장한 것뿐이다.

어쨌든 최초의 가미카제 특공은 성공했고, 이들 다섯 명의 가미카제 조종사들은 군신으로 추앙받았다. 이 일을 계기로 육군과 해군을 가리지 않고 자살특공 열풍이 시작됐다.

여담이지만 세키 유키오 대위가 격침한 세인트 로는 격침이 예정되어 있었다는 것이 당시 세인트 로 승무원들의 반응이었다. 원래 세인트 로의 함명은 '미드웨이'였으나(그 이전에는 '차펀 베이'였다) 1944년 7월 18일 프랑스의 도시 '생로Saint-Lô'를 탈환한 기념으로 1944년 10월 10일 세인트 로로 개명됐다. 해군 수병들 사이에서 함의 이름을 바꾸는 건 불길한 징조로 여겼던 탓에 세인트 로 승무원들 사이에서는 공공연하게 이 배가 격침될 것이라는 소문이 퍼졌다. 물론 미신에 불과했지만 세인트 로에서 살아남은 승무원들은 입을 모아 함이 격침된 이유를 함명을 바꿨기 때문이라고 주장했다.

어찌 됐든 '세키 유키오'와 '세인트 로'라는 이름은 역사에 각인되었다.

16

일본의 비명

세인트 로의 격침 이후 일본은 특공 열풍에 휩싸였다. 독일 제3제국이 패망의 끝자락에서 '비밀병기'라는 희망을 붙잡고 버텼던 것처럼 일본은 '가미카제'를 부여잡고 마지막 희망의 불씨를 되살리려 했다. 불꽃처럼 타오른 희망이지만 이 희망은 회광반조回光返照나 다름없었다.

가미카제는 '100퍼센트 손실'의 다른 말이었다. 작전에 투입된 기체와 전투기 조종사를 100퍼센트 잃는다는 의미다. 필리핀의 함락으로 남방 자원지대에서 자원을 수급할 수 없게 된 일본은 신조기 생산에 큰 타격을 입었다. 결국 작전에서 소모된 기체를 보충할 수도 없었다.

더 큰 문제는 조종사들의 수급 문제였다. 앞에서도 언급했지만 제대로 된 조종사를 한 명 키우기 위해서는 엄청난 비용과 시간이 필요하다. 이미 베테랑 조종사의 태반은 그동안의 전투로 거의 남아 있지 않은 상황이었다. 설상가상으로 가미카제 공격으로 조종사들은 남아나지 않았다.

일본은 부랴부랴 특공용 조종사들을 양산하기 시작했다. 단기 속성으로 키워낸 신참 조종사들은 단순한 이착륙 훈련 중에도 판판이 죽어나갔다. 겨우겨우 기초 비행 훈련을 마친 이들은 가미카제 특공을 위한 최소한의 '기술 훈련'을 받았다. 이들이 완벽하게 익혀야 하는 최소한의 비행 기술은 크게 두 가지 정도였다.

첫째, 적의 레이더를 피하기 위한 초저공 수면 비행
둘째, 목표물 발견 후 고도 3천 미터까지 급상승, 목표물을 향해 45도로 기체를 내리꽂는 기술

특공을 위한 기술만 가르쳤다고 해야 할까? 이렇게 교육받은 특공용 조종사들이 실전에서 과연 제대로 활약했을까? 안타깝게도 그들은 애꿎은 자기 목숨만 버리는 경우가 더 많았다. 당시 가미카제 특공을 위한 편대 편성은 특공기 3대, 호위기 2대로 구성됐는데 호위기 조종사들은 특공기들을 지켜주

는 역할도 했지만 더 중요한 건 이들을 미군 함대가 있는 곳으로 무사히 안내하는 일이었다. 급하게 양성된 특공 조종사들은 최소한의 항법 기술도 부족하여 조금만 기상이 나쁘면 길을 잃고 헤맸고, 미군 전투기라도 나타나 호위기가 전투기동이나 회피기동을 하게 되면 호위기를 놓치기 일쑤였다. 특공기가 호위기를 놓치는 순간, 이들의 운명은 정해져 있었다. 제대로 방향을 찾지 못해 하늘에서 연료를 소모하다 바다에 떨어지는 경우가 대부분이었기 때문이다.

미군 함대를 발견해도 문제였는데 이들은 멀리서 함대가 보

가미카제 특공기

이면 덮어놓고 돌입부터 했다. 함대에 돌입하는 것까지는 좋았으나 가급적이면 자신의 목숨값을 할 만한 항공모함이나 전함 같은 고가치 목표를 공격해야 하는데, 그들에겐 원거리에서 이들을 구별할 만한 능력이 없었기 때문에 아무 목표물에나 덤벼들곤 했다.

결국 이들은 상륙용 주정에도 돌격하는 안타까운 상황을 연출했다. 마지막 순간 자신의 목표물을 확인하고 방향을 틀려고 해도 그럴만한 시간도, 그럴만한 비행 능력도 없던 이들은 그렇게 산화했다.

미국의 반응

—

최초의 가미카제 공격에 대해 미군은 반신반의했지만, 이후 일본군의 의도를 안 다음에는 '충격과 공포'를 느꼈다. 그들의 상식으로는 도저히 이해하기 힘든 정신 세계였다.

"전투기 조종사라는 고급 인력을 무의미하게 소비하다니, 나였으면 그런 명령을 내린 놈을 그 자리에서 총으로 쏴 죽였을 것이다."

맥아더가 그의 자서전에서 말한 내용이다. 이것이 상식적인 인간의 반응이다. 미군은 경악했고 자신들에게 향한 명백한 살의, 그것도 자기 목숨을 버리면서까지 행하는 살의 앞에 대단히 분노했다. 그렇게 감정의 폭풍이 한차례 지나간 뒤에 그들은 이성적인 대처에 나섰다.

1944년 말부터 미국 항공모함 함재기의 비율이 조정됐다. 기존에는 함재기 중에서 전투기의 비율이 40퍼센트 수준이었는데 이때부터 70퍼센트로 대폭 늘어났다. 전투기가 늘어난 만큼 함대 방공 능력이 향상됐다. 미군은 가미카제로 추정되는 공격대를 발견하면 탑재한 항공기를 모두 발진시켜 저지하기 위해 온 힘을 다했다. 행여 미군 전투기의 방공망을 뚫고 함대에 접근한다 해도 기다리는 건 대공포의 벽이었다.

가미카제 특공기의 진입 방법은 한정적이었고 무거운 폭탄을 매달았기 때문에 기동성도 떨어졌다. 화망만 제대로 구성하면 격추가 가능했다. 여기에 미군들의 감정이 더해졌다. 자신들을 향한 명백한 살의 앞에 미군들은 분노를 넘어 증오로 대응했다. 군인뿐만이 아니었다. 이러한 증오심은 미국 전체로 퍼져나갔고 전쟁 근간에 깔려 있던 인종차별적인 감정이 폭발했다. 이 감정들은 미국이 별 고민 없이 원자폭탄을 사용하게 만든 계기가 됐다.

그렇다면 가미카제가 거둔 성과는 얼마나 될까? 자료마다 다르지만 일본과 미국 측의 자료를 비교해 가장 근사치로 확인할 경우 호위 항모 3척, 구축함 14척, 소해정 3척, 수송선 3척, 상륙정 14척, 화물선 9척, 탄약수송선 1척을 합하여 모두 47척이다(격침이 아닌 파손이나 중파 등을 합치면 연합국의 전체 피해는 300~400척 정도로 집계된다).

그럼 가미카제로 소모된 전투기의 수는 얼마나 될까? 1944~1945년까지 총 3800여 대의 특공기가 작전에 투입됐다. 다시 말해 3800여 대를 투입해 '겨우' 47척을 격침했다는 의미다. 이는 말도 안 되는 교환비다.

가미카제 특공기가 격침시킨 그나마 전략적인 목표물은 호위 항모 3척이 전부다. 이것이 미 해군에 얼마나 영향을 미쳤을까? 당시 미 해군은 정규 항모만 28척을 보유하고 있었고 호위 항모의 수를 더하면 100척을 훌쩍 넘겼다. 간에 기별도 안 가는 미미한 수준이었다. 이를 위해 일본은 귀중한 인적자원인 조종사들과 항공기 3800여 대를 쏟아부었다. 이는 자포

자기식 자살행위나 다름없었다.

종말의 시작

—

일본이 전쟁의 패배를 인정해야만 했던 때는 언제였을까? 레이테만 해전이었을까? 마리아나 해전이었을까? 아니다. 많은 이가 1944년 7월 사이판의 함락을 꼽는다. 당시 일본이 사이판의 함락을 어떻게 받아들였는지는 후쿠도메 시게루福留繁 해군 중장의 발언을 보면 알 수 있다.

  "사이판을 잃었을 때 마지막 기회가 사라져버렸음을 깨달았다."

일본이 절대사수를 외쳤던 절대국방권이 뚫렸다. 이제 일본은 초장거리 폭격기인 B-29의 사정권 안에 들어가게 됐다. 일본 군부의 엘리트들 가운데 일부는 사이판 함락 이후 자신들의 운명을 예측했다. 일본에게 더 이상 희망은 없었다. 후쿠도메 시게루의 말처럼 일본의 마지막 기회는 사라졌다. 만약 이

초장거리 폭격기 B-29

때 일본이 정신을 차리고, 종전 협상이나 항복을 했다면 가미
카제와 같은 '미친 짓'은 역사에 기록되지 않았을지도 모른다.

　그러나 일본은 결사항전을 선언했고 그에 걸맞은 '행동'을
보였다. 가미카제는 메이지 유신 이후 이어진 제국주의 일본
의 '마지막 비명'이었다. 그리고 그 비명은 인류사에 유래가
없는 절대적 폭력인 원자폭탄으로 되돌아왔다.

　안타깝게도 일본의 비명이 종말을 재촉했다.

• 이성환, 《전쟁국가 일본》, 살림, 2005

• 육군사관학교 전사학과, 《세계전쟁사》, 황금알, 2004

• 이윤섭, 《러일전쟁과 을사보호조약》, 이북스펍, 2012

• 이상태, 《조선역사 바로잡기》, 가람기획, 2000

• 이윤섭, 《다시 쓰는 한국 근대사》, 평단문화사, 2009

• 위텐런, 《대본영의 참모들》, 나남, 2014

• 호사카 마사야스, 《쇼와 육군》, 글항아리, 2016

• 이노세 나오키, 《쇼와 16년 여름의 패전》, 추수밭, 2011

• 권성욱, 《중일전쟁-용, 사무라이를 꺾다》, 미지북스, 2015

• 김효순, 《나는 일본군 인민군 국군이었다》, 서해문집, 2009

• 정기종, 《석유전쟁》, 매일경제신문사, 2003

• 이창위, 《우리의 눈으로 본 일본제국 흥망사》, 궁리, 2005

• 박재석·남창훈, 《연합함대 그 출범에서 침몰까지》, 가람기획, 2005

• 다카시로 고이치, 《일본의 이중권력, 쇼군과 천황》, 살림, 2006

• 에드워드 베르, 《히로히토 신화의 뒤편》, 을유문화사, 2002

• 한도 가즈토시, 《일본의 가장 긴 하루》, 가람기획, 1996

• 희희낙락호호당(http://www.hohodang.com)

• 박인규, 〈잘나가던 미국 장군의 고백 "전쟁은 사기다"〉, 프레시안, 2015.2.27.(http://www.pressian.com/news/article.html?no=124246)